Laurent-Jacques COSTA
&
Philippe FERRER

PARCE QU'ON NE VOUS DEMANDE PAS D'Y CROIRE

Le lotus & l'éléphant

58, rue Jean Bleuzen – 92178 Vanves Cedex

Illustration couverture : © iStock/Viktor Kashin

Dépôt légal : janvier 2023
ISBN : 978-2-01-720572-2
47-9119-6
Achevé d'imprimer en Espagne en janvier 2023

Il n'y a pas c[illegible]d, il n'y a que des rendez-vous.

Paul Éluard

Sommaire

CHAPITRE 1

Premier contact

Je ne me souviens plus du temps qu'il faisait, ce samedi-là. Je pense qu'il devait faire beau : le 13 septembre, à Ajaccio, ce sont encore l'été, les dernières baignades, les ultimes pique-niques sur le sable chaud…

Oui, il devait faire chaud ce jour-là ; de cette moiteur accablante qui vous épuise, qui vous étouffe. C'est en tout cas l'impression qu'il me reste de cette terrible épreuve. Huit mois à s'accrocher à nos peurs, à se débattre dans ce terrible tourbillon mouvant qui vous entraîne, malgré vous, vers ce vide que l'on redoute tant et qui finit par se matérialiser : inéluctable néant vers lequel on tend. J'étais là, comme un automate, à quelques mètres du cercueil de ma tendre épouse, à serrer des mains ou des corps, à me demander si j'allais me réveiller. Il y avait la famille, quelques amis, beaucoup de monde aussi, un immense ballet de silhouettes sombres, qui sans cesse vous ramène à la gravité du moment.

Qu'allais-je faire ensuite ?

Je pensais à Lisandru que nous venions d'adopter, cette petite famille qui scellait notre union et nous projetait ensemble vers nos vieux jours. Il allait falloir s'en occuper seul ; construire un autre rêve, un autre chemin…

Il y avait donc beaucoup de monde ce jour-là, dans ce grand hall froid d'un établissement de pompes funèbres renommé ; beaucoup de visages que je connaissais et d'autres, bien plus anonymes. Lorsqu'une femme se planta devant moi, pleine d'assurance, et me prenant la main, murmura :

> — *On ne se connaît pas, mais je sais que ta femme est montée dans la lumière, très vite et très énervée aussi, car elle ne voulait pas partir.*

Je me rappelle l'avoir regardée, interloqué, mais en même temps conforté, parfaitement apaisé par ses propos pourtant abrupts. Cela faisait écho à une certitude : celle que seul le corps de ma femme reposait dans ce triste cercueil. Oui, c'était une évidence, son âme s'était élevée.

Il me faut préciser une chose, pour être totalement honnête : je ne suis pas croyant. Je suis baptisé, comme beaucoup de Français, mais cela fait bien longtemps que je n'ai pas mis les pieds dans une église. Ce n'est pas par paresse, non, plutôt par conviction, si j'ose dire. Je ne crois tout simplement pas en l'existence d'un Dieu qui siégerait au-dessus des Hommes, imposant ses lois et ses commandements. Bien sûr, ces longs mois à assister ma femme dans son combat quotidien n'avaient pas été exempts de questionnements sur la destinée des âmes. J'avais beaucoup lu, notamment des ouvrages évoquant les « expériences de mort imminente » (EMI), ces sortes d'aventures extra-sensorielles qui survenaient parfois lors d'un décès clinique et que nombre de personnes réanimées racontaient à leur réveil. Ces lectures m'avaient enseigné l'existence d'un état au-delà du trépas, un état dans lequel l'âme survit. J'en étais convaincu : la mort biologique n'était pas la fin que certains scientifiques annonçaient froidement. Il y avait une suite, sous une forme plus énergétique, plus vibratoire. Mais cette foi dans un possible « après » ne faisait pas de moi un croyant, au sens chrétien du terme.

La femme me tendit un petit papier griffonné.

— Si tu veux, contacte-moi par Messenger® ces jours-ci, et tu pourras discuter avec ta femme. Je vous connecterai. Et aussi, une dernière chose, ta femme m'a dit de prendre soin des libellules.

Je restai pantois. Je crois avoir murmuré un « merci » assez timide, rien de plus. Il n'y avait, sur le moment, rien à ajouter. Et je n'avais strictement rien compris à cette histoire de libellules. Mais bon, déjà d'autres silhouettes se pressaient, d'autres mains se tendaient, et il me fallait poursuivre le rituel.

Ce ne fut pas le seul moment étrange de cette funeste journée. Plus tard, dans l'après-midi, lors de l'ultime cérémonie à l'église de Guagno, nous fûmes tous témoins d'une bien curieuse coïncidence. Je me tenais au premier rang, à côté de ma cousine, prêt à écouter le serment du prêtre, lorsqu'un long larsen vint troubler l'assistance. Le prêtre s'arrêta aussitôt, déconcerté, puis s'en alla trifouiller sa petite sono. En réalité, il ne s'agissait pas d'un véritable larsen, ce sifflement caractéristique que peuvent produire les amplificateurs lors du branchement d'un instrument ou d'un micro, mais plutôt d'une série d'interférences acoustiques, comme celles qui résulteraient d'une saturation de fréquence, comme si différents émetteurs se seraient trouvés branchés conjointement. C'était vraiment inattendu. Puis, le son revint à la normale. Je me souviens avoir glissé un regard complice à ma cousine en lui susurrant discrètement :

— *Ça, c'est Marie-Paule !*

Cela ne faisait pas de doute : une telle interférence acoustique, si longue et si marquée, c'était un signe ad hoc pour le musicien que j'étais ! Ma femme était bien parmi nous, et j'en étais soulagé.

Je dois avouer ne conserver que des souvenirs lacunaires de la douloureuse période qui suivit l'enterrement de ma femme, comme si j'avais eu envie d'en effacer les détails. Je sais que ces interminables journées furent très pénibles, parce qu'il me manquait comme un membre, un morceau de mon intimité. J'étais par ailleurs très occupé, il y avait tant à faire, et cela m'évitait de trop penser, de m'arrêter. J'avais décidé de vider l'appartement, d'en sortir tout ce qui pouvait me rappeler ma vie d'avant. J'avais vraiment besoin de me reconstruire, différemment. Mais bien sûr, il y avait aussi ce petit bout de papier griffonné, que j'avais précieusement conservé. Alors un soir, j'appelais. Quoi vous dire ? J'ai parlé ce soir-là avec la médium, ou plutôt avec ma défunte femme à travers la médium. Est-ce que je voulais trop y croire ? Je ne sais pas. Mais j'ai eu l'impression, bien plus que cela, l'intime conviction de discuter avec celle avec qui j'avais partagé vingt-trois années de mon existence. Il y a des signes qui ne trompent pas, des expressions, des manières de s'exprimer. Pour être tout à fait franc, le doute existait toujours, tout petit, tout blotti dans un coin de ma tête. Mais je le laissais bien à sa place, sans chercher à le faire grandir. J'avais aussi besoin de ce moment de réconfort.

Ce soir-là, nous avons parlé de Lisandru et de la suite, de la nouvelle orientation de ma vie. Nous avons parlé pratique, comme si la page était déjà tournée ; et ma femme m'encourageait à aller de l'avant, à me débarrasser de mes entraves du passé, à accepter sans retenue et surtout sans peur toutes les promesses et les joies à venir. Alors le lendemain matin, je me hâtais, ragaillardi par cet échange déterminant et ô combien salutaire. Je commençais par vider le salon, la cuisine, le hall d'entrée, entassant sans compter sur le trottoir tout ce qui me semblait trop contraignant, trop chargé d'émotions. Il fallait me défaire de tout ce qui m'attachait au passé.

— *Peut-être étais-je trop radical ? Peut-être devrais-je garder une petite chose, une attention, à la fois subtile et discrète, comme une dernière tendresse ?*

Je décidai soudainement de recontacter la médium afin qu'elle sollicite ma femme, lui demande si elle souhaitait que je conserve quelque chose, un objet particulier, en souvenir de nous. La médium se concentra :

— *Elle me parle de libellules.*
— *De libellules ? C'est tout ?*
— *Oui, elle me dit de prendre soin des libellules.*

De quoi pouvait-il bien s'agir ? Je n'en avais aucune idée !

Je continuai alors mon rangement, sans chercher à comprendre, sans même me dire qu'il y avait peut-être là un message à déchiffrer. Car rien chez nous n'évoquait, de près ou de loin, un quelconque insecte ailé. Je terminais ainsi de débarrasser la salle de bains, de verser dans un grand sac poubelle tous ces petits produits censés entretenir l'apparence et la jeunesse. J'allais vite, sans trop réfléchir, avec le sentiment d'accomplir un devoir, ou plutôt un besoin essentiel.

Après la salle de bains, ce fut autour de la chambre, de notre chambre. Je remplissais des cartons, l'estomac serré. Et là, tout d'un coup, au fond du tiroir de la commode, un portrait : une jolie photographie de ma femme adolescente, le visage souriant, entouré de tresses ; et sur le cadre noir satiné, deux petites libellules nacrées... Mon Dieu ! Je sentis mon âme tressaillir en même temps que tous mes doutes disparaissaient. Tout était donc vrai !

CHAPITRE 2

Par-delà l'obscurité

La vie n'est certainement pas un long fleuve tranquille. Lorsque je songe à mon parcours, avec le recul, je ne peux que m'étonner des chemins empruntés. À vrai dire, j'ai comme le sentiment d'avoir été programmé à suivre une voie, certes sinueuse, mais jalonnée d'événements qui m'ont toujours recentré, ne me laissant guère divaguer sur des sentiers de traverse ; comme si j'obéissais à un appel inconscient.

Je me souviens que tout petit, à l'école maternelle, je me demandais déjà si le monde qui m'entourait était bien réel. Une fois, alors que j'observais la cour de récréation, et toutes ces petites têtes blondes qui cavalaient, j'eus véritablement l'impression d'évoluer dans une sorte de rêve. « Vivement que je devienne adulte ! », pensai-je, avec cette certitude enfantine que grandir, c'était s'éveiller à une réalité différente. Et chaque année, durant toute ma scolarité, je ressassais la même idée, me posant alors cette question devenue au fil du temps presque existentielle : « Est-ce que je vois mieux maintenant ? Est-ce que je me sens davantage réveillé ? »

Cela peut paraître drôle. Mais cette manière de questionner le monde n'a pas été anodine. Elle m'a très tôt guidé vers des lectures qui parlaient de spiritualité, de bouddhisme et d'éveil. Ce n'était pas grand-chose, la première pièce d'un puzzle qui n'allait s'assembler que bien plus tard.

Ma scolarité fut assez tumultueuse. Je compris rapidement que je n'étais pas spécialement attiré par les études. Non, ma passion, c'était la musique ; et bravant tous les conseils parentaux, je m'entêtais à en faire mon métier, avec, il faut en convenir, pas mal de succès. Je ne suis pas devenu une grande star du rock, comme j'en rêvais, mais j'ai eu mes moments de gloire. Je crois même n'avoir jamais envisagé faire autre chose de ma vie ; d'autant que Marie-Paule me soutenait admirablement, acceptant de vivre un peu chichement, avec parfois son seul salaire comme revenu régulier. Enfin, j'avais approché les étoiles, une fois. C'était en 2000, avec le groupe *Qui*. Nous avions signé un contrat avec la très prestigieuse maison Warner (WEA), un contrat mirobolant qui portait sur cinq albums et plusieurs tournées. Nous étions d'ailleurs en pleine promotion cette année-là, avec deux premières-parties aux Zéniths de Paris et de Toulon, une autre au Dôme de Marseille. Notre premier album était sous presse et son morceau-phare commençait à retentir sur les radios nationales. Un avenir radieux s'annonçait… Et puis, patatrac ! La direction de Warner change et de nombreux contrats sont cassés, dont le nôtre. Ma vie aurait pu basculer, prendre un chemin vertigineux, sans retour possible. Il n'en fut rien. Le groupe ne survécut pas à ce changement radical ; et je rentrai à Ajaccio, toujours animé d'une fougue intacte, mais les poches vides.

J'ai continué la musique jusqu'en 2014, jusqu'au décès de mon épouse, mû par une passion bien solide, occupant toutefois un emploi à mi-temps pour participer aux dépenses du couple. J'ai depuis rangé mes guitares, ayant définitivement tourné la page de mon ancienne vie.

En 2014, une connaissance me proposa d'animer une chronique musicale sur la chaîne de télévision locale, France 3 Corse Via Stella. Ce fut mon premier contact avec le monde de l'audiovisuel. En 2018, un nouveau chemin de traverse se présenta à moi, lorsque la direction de la chaîne m'offrit de produire et d'animer une émission consacrée à l'actualité musicale. Mais alors que la signature était acquise, les événements en décidèrent autrement. Nouvel échec. Et c'est au cours d'une soirée qu'une amie cinéaste, avec qui je parlais de spiritualité, m'insuffla l'idée de créer une chaîne YouTube dédiée aux manifestations surnaturelles ou paranormales.

En réalité, cette amie n'avait fait qu'exprimer l'évidence. La spiritualité m'accompagnait depuis le départ de Marie-Paule. Elle avait pris de plus en plus d'importance dans ma vie, au point de s'imposer à mon cœur, remplaçant peu à peu ma passion pour la musique. Et ce soir-là, je compris une chose fondamentale, qui me sera maintes fois confirmée par la suite : il ne s'agissait pas d'une nouvelle orientation de ma vie, mais de la concrétisation d'un processus amorcé dans cette cour de récréation, alors que je me demandais si j'allais un jour me réveiller.

Pourquoi étais-je désormais certain que ma destinée passait par la création d'un média dédié à la spiritualité ? Parce que depuis le décès de Marie-Paule, de nombreux signes l'indiquaient ; parce que j'étais comme guidé par un enchaînement implacable de petites synchronicités.

Je vous l'ai dit : mes convictions intimes ont basculé le jour où j'ai découvert, sur un cadre au fond d'une commode, deux petites libellules nacrées. Mais ce ne fut pas le seul message que je reçus, en provenance de la dimension invisible de l'Univers. Non. Si les libellules marquèrent le début du chemin, la suite allait me réserver bien d'autres surprises…

Après avoir vidé l'appartement de tout ce qui me liait jadis à Marie-Paule, excepté bien sûr le petit cadre aux libellules, je demandais à un vieil ami de m'aider à réaménager l'intérieur. Je voulais rénover l'espace et créer un bureau, couvrir le carrelage d'un revêtement vinyle, peindre les murs, en profiter pour refaire la plomberie et l'électricité. Je voulais tout changer, me réapproprier les lieux, en finir avec ma vie antérieure. Et cela passait nécessairement par une reconstruction de mon environnement. Comprenez-moi : j'avais commencé à modifier mes habitudes de vie, y compris les plus intimes, comme la manière de m'endormir, la position dans le lit, etc. ; je m'étais remis au sport, avais mis un terme à mes rêves de musique… Il me fallait à présent transformer le décor dans lequel j'évoluais. Comme j'étais propriétaire des lieux, je n'envisageais pas de déménager, mais je voulais que la métamorphose soit totale, à l'image d'un nouveau départ. Bref, je m'adressais à Pierre, un artisan chevronné, capable de gérer la totalité des travaux. Et comme c'était un ami, j'avais confiance et je savais qu'on pouvait s'arranger sur le prix de la prestation. Ce que j'ignorais, en revanche, c'est que Pierre avait vécu, adolescent, une expérience aux frontières de la mort.

— Tu sais, me dit-il un soir après le travail, il ne faut pas te faire de souci pour Marie-Paule, car la mort, ce n'est pas si terrible que ça. C'est même un état agréable.

— Tu veux dire quoi par-là ?

— Je sais, cela peut paraître étrange. Je vais te confier un secret, que même mon frère ne connaît pas, parce que je n'en ai jamais parlé, à personne. Mais toi, aujourd'hui, c'est différent. J'ai été victime d'un grave accident de vélo lorsque j'avais quinze ans. Ce que je n'ai jamais dit : c'est que je suis sorti de mon corps au moment du choc. Oui, je te jure, je me suis retrouvé haut dans le ciel, au-dessus de la route. Je voyais mon vélo, par terre, et moi, allongé sur le ventre à quelques mètres, et les gens qui accouraient, l'attroupement qui se formait. Mais crois-moi, Philippe, j'étais bien. Aussi étrange que cela puisse paraître, j'étais merveilleusement bien là-haut. Je ne voulais pas revenir. Alors, j'ai entendu comme une voix dans ma tête ; et elle m'a ordonné de retourner dans mon corps. Je ne sais pas ce que c'était. Je ne suis même pas sûr qu'il s'agissait réellement d'une voix ; peut-être juste une pensée. Mais le fait est que, juste après, j'ai été comme aspiré par mon corps. Et j'ai alors ressenti la douleur de mes membres brisés. Crois-moi, Philippe, je suis certain de ne pas avoir rêvé. Je suis sûr que tout cela était bien réel. Ce n'était pas un délire. Je voyais vraiment les gens, le vélo, mon corps.

— Tu as fait une EMI, en fait, une expérience de mort imminente.

— Je crois, oui. En tout cas, depuis ce jour-là, je n'ai plus peur de mourir. Je sais que la mort n'est pas définitive.

Comme je vous l'ai dit : j'avais déjà lu de nombreux récits de gens qui étaient sortis de leur corps au cours d'une d'opération chirurgicale ou à la suite d'un d'arrêt cardiaque. Mais là, c'était différent ! J'avais devant moi un ami de longue date et je pouvais percevoir, à travers l'émotion, la sincérité de son récit. Pourquoi m'aurait-il raconté des histoires ?

Un jour que j'étais en voiture, coincé dans les embouteillages urbains, je ressassais les événements de ma vie, le cœur serré comme on dit. Je jugeais cela bien injuste. Alors, comme un cri de désespoir, je lançai au ciel :

— Si tu es vraiment là, Marie-Paule, fais-moi signe ! Je te laisse 15 secondes !

C'était très prétentieux de ma part, j'en conviens. Mais j'étais si désorienté, si découragé aussi. Certes, il y avait eu l'épisode des libellules. Mais honnêtement, je ne peux pas dire que jamais le doute ne m'assaillait. Non. L'incertitude persistait, me prenant parfois à la gorge. Et ce jour-là, j'avais besoin de réconfort. Je décomptais donc les secondes en tapotant sur le volant, écoutant d'une oreille distraite la musique de mon autoradio, où j'avais branché mon iPod et ses 40 000 titres en lecture aléatoire. C'était une habitude.

— 10, 11, 12...

Un nouveau morceau de musique débute, *« You are the heart »* (tu es le cœur), une très belle chanson qui parle d'amour, et plus précisément de l'union de deux êtres que le destin a séparés. Les paroles me lacérèrent le cœur :

« Peut-être que je peux trouver un moyen de dire
Que ton amour brille encore pour moi et illumine le chemin
Et tu es plus proche de mon cœur
J'entends l'appel de deux mondes à part
Si près et si loin ;
Je te rattraperai quand tu tomberas
Je serai là quand tu appelleras
Quand tu te noies en larmes
Ne te cache pas derrière tes peurs
Tu es le cœur

Tu es l'âme
Tu es la chanson
Nous allons nous réunir maintenant
Nous serons forts
Le passé est terminé
Alors continuons debout main dans la main, nous sommes unis
Ensemble, nous sommes l'espoir à l'intérieur de la chanson... »

Je remarque le nom de l'interprète qui s'affiche sur l'iPod : Tokyo Blade, un vieux groupe que je n'écoute plus depuis 30 ans. Mais comble de hasard, s'il en est, ce matin-là, j'avais en toute hâte enfilé un tee-shirt du groupe Tokyo Blade, un maillot saisi à l'aveuglette dans mon armoire, au milieu d'une collection de plus de 300 pièces à l'effigie des groupes de rock du monde entier. La coïncidence semblait assurément tenir du miracle !

Quelques mois après la disparition de Marie-Paule, ma cousine germaine, Marie-Ange, s'essaya à l'écriture automatique. Elle n'avait jamais témoigné jusque-là d'aptitudes particulières à la médiumnité. Et je ne sais même pas pourquoi, un jour, elle décida d'essayer. Je me souviens, on était ensemble et discutait des échanges que j'avais eu avec Marie-Paule *via* la médium, lorsqu'elle me dit avoir entendu parler d'écriture automatique et vouloir essayer. On s'assit alors autour d'une table, une pile de feuilles devant nous, un crayon à la main. Et d'un coup, le crayon que tenait Marie-Ange se mit à écrire, avec frénésie. Je lui demandais, un peu incrédule :

— *C'est toi qui écris ?*
— *Mais non, je t'assure, je le tiens à peine. Il bouge tout seul !*

Et cela semblait vrai, le crayon se déplaçait à vive allure, traçant fiévreusement des suites de mots, comme mu par une énergie rageuse. C'était impressionnant, d'autant que les phrases dialoguaient avec nous, avec nos interrogations du moment. Je crois que c'est peut-être cela qui s'avéra le plus déstabilisant : le fait que ces échanges étaient parfaitement cohérents, suivant la logique d'une véritable conversation pleine d'à-propos et d'enseignements. Et de vous avouer avoir passé des heures et des jours à questionner l'Univers sur une multitude de sujets et à obtenir toutes sortes de réponses écrites. Je conçois que cela peut paraître étrange, et même fou, mais certaines réponses ne peuvent pas foncièrement nous mystifier.

Lorsqu'elle était alitée, ma femme m'avait confié une bague, qu'elle avait héritée de sa grand-mère. Ce n'était pas un bijou de grande valeur marchande, mais Marie-Paule y était sentimentalement attachée. J'avais pris soin de placer cette précieuse bague dans un petit sac de toile. Avec la tournure des événements, je négligeai vite la chose. Et ce n'est que bien plus tard, alors que j'avais déjà vidé l'appartement depuis plusieurs semaines, que le souvenir de la bague resurgit. Soudain, je m'inquiétai : n'avais-je pas égaré l'objet par mégarde ? Pris de panique, je fouillai chaque tiroir, chaque emplacement probable : point de bague ! Alors, un soir, un peu penaud, je demandai à ma femme, par l'intermédiaire de ma cousine, si elle savait où était sa bague. Au bout du crayon, sa réponse fut cinglante :

> — *Elle est là où tu l'as mise, dans le petit sac qui se trouve dans le grand sac, en haut de l'armoire.*

Je m'y précipitai et trouvai l'objet tant désiré, toujours emballé dans son petit sac de toile.

À la même époque, un petit cousin du village, Jean-Toussaint, s'essaya lui aussi à l'écriture automatique. Jean-Toussaint est un garçon que j'ai connu jeune homme et que j'avais perdu de vue, jusqu'à le croiser, un jour, en ville, quelque temps après l'enterrement de Marie-Paule. Et comme il s'intéressait alors au paranormal, nous commençâmes à nous fréquenter. En réalité, nous partagions tous deux un chagrin similaire : j'avais perdu Marie-Paule et lui, sa mère, quelques mois auparavant, et cela nous rapprochait. Jean-Toussaint possédait une grande connaissance de la littérature sur l'au-delà. Il était persuadé que l'on pouvait acquérir des techniques pour sortir de son corps et s'essayait fréquemment, mais en vain, au voyage astral. Il me parlait de Marc Auburn ou de Christophe Allain. Son savoir me passionnait et nous prîmes l'habitude de nous voir, notamment en soirée. Et c'est après avoir appris que Marie-Ange était parvenue à communiquer avec Marie-Paule, qu'il s'essaya donc à l'écriture automatique. D'abord, sans véritable succès ; mais un soir, il déboula à la maison tout excité, m'annonçant fièrement avoir réussi à converser avec sa regrettée mère. Jean-Toussaint devint alors un partenaire de choix pour des séances de spiritisme, au même titre que ma cousine germaine, Marie-Ange. Parfois, nous nous réunissions même tous les trois, chez moi, autour de la table du salon, pour des séances qui se terminaient tard dans la nuit.

Lors des premiers échanges, nous avions eu l'idée de confronter les écrits des uns et des autres, afin de savoir si les réponses étaient semblables d'une personne à l'autre. Mais lorsqu'un crayon se mettait en action, celui que tenait l'autre restait systématiquement inerte. Jamais, Marie-Ange et Jean-Toussaint ne purent écrire en simultané.

Nous formulions des questions à voix intelligible, et l'un ou l'autre rédigeait les réponses, selon l'inspiration du moment, mais jamais ensemble.

Je me souviens d'un soir où, à notre grande surprise, aucun des crayons ne semblait vouloir s'enthousiasmer. Alors qu'à l'habitude, les mots étaient tracés avec une réelle frénésie, là, les crayons demeuraient sans force, incapables de se mouvoir par eux-mêmes. Nous priâmes le ciel de nous expliquer la raison de cet échec. Alors, très lentement, le crayon que tenait Jean-Toussaint commença à tracer quelques lettres :

— *« Electric ».*

Nous fûmes surpris par cette réponse. Nous utilisions constamment le même cérémonial, à chacune de nos soirées. Il y avait une bougie sur la table, mais aucun appareil électrique à proximité. Seul un halogène, dans un coin de la pièce, diffusait une lumière tamisée, comme à l'habitude. Le crayon reprit sa lente progression :

— *Le chat.*

Je m'écriai :

— *C'est Électricien, c'est mon chat, tu l'as pris sur tes genoux ! C'est lui qui fait des interférences !*

Jean-Toussaint saisit l'adorable petite boule de poils, que j'avais effectivement nommée « Électricien », pour rire sans doute, mais c'était son nom, voilà. Il déposa l'animal dans la cuisine, où il résidait habituellement ; et la séance put se dérouler normalement.

Durant ces nombreuses soirées, nous rencontrâmes différentes personnalités, notamment un dénommé

« Mana » qui aimait dialoguer avec nous et s'épancher sur sa nouvelle vie dans l'au-delà. Je n'ai jamais su si « Mana » était une femme ou un homme. Peu importe après tout, mais elle ou il paraphait toujours ses interventions d'un joli cœur ; ce qui nous permettait de l'identifier avec certitude. Car « Mana » signait toujours pareillement, sous le crayon de Marie-Ange ou sous celui de Jean-Toussaint ; et ce, depuis le premier jour où elle ou il entra en contact avec l'un ou l'autre, séparément. Je tiens à le préciser, car cela m'avait fortement étonné, lorsqu'un soir Jean-Toussaint termina un écrit avec cette même signature que j'avais déjà repérée à la suite de textes retranscrits par Marie-Ange. C'était tout au début, bien avant nos soirées communes, et Jean-Toussaint découvrait alors « Mana » pour la première fois. Aujourd'hui encore, je considère qu'il ne s'agit pas d'un détail, mais bien de la confirmation que les forces invisibles, avec lesquelles on dialoguait alors, conservaient chacune une identité propre.

À ce propos, Mana ne manquait jamais d'humour, et n'hésitait pas à nous taquiner, toujours avec gentillesse. Il m'avait d'ailleurs surnommé « le cabochon », car je n'étais que rarement satisfait de ses réponses et doutais fréquemment de leur véracité. Un ami cher, Francis Bizet, qui participait souvent à nos soirées « spiritisme », avait été, quant à lui, surnommé « petit rigolo », en raison de son attitude toujours très désinvolte, ses plaisanteries récurrentes et ses railleries. En réalité, Mana s'amusait de notre incrédulité, sans vraiment nous en tenir rigueur : preuve que là-haut, ils savent aussi garder le sens de l'humour !

À l'époque, nous essayâmes souvent d'obtenir de ces énergies de l'au-delà des informations quant à notre avenir. Mais les quelques indications parfois transmises ne furent jamais à la hauteur de nos espérances. Et je compris que si la communication avec des défunts était possible, ces âmes se trouvaient hors de l'espace-temps tel qu'on le définit, connectés en direct à un moment présent, mais sans véritable capacité pour appréhender les événements futurs. Je pense aujourd'hui, avec toute l'expérience acquise, que nos défunts ou nos guides spirituels peuvent entrevoir les potentiels qui se dessinent à partir de notre présent, sans jamais être certain de celui qui pourrait réellement se concrétiser. Ils ont un aperçu du champ des possibles, qui forme devant nous comme un arbre aux multiples ramifications, mais ne peuvent anticiper le futur, probablement parce que celui-ci n'est pas encore finalisé. J'en suis à présent persuadé : nous conservons un libre-arbitre, hautement capable de modifier un chemin pourtant bien tracé.

En revanche, il m'a souvent été donné de pouvoir vérifier que les connexions avec l'au-delà s'effectuaient dans un moment présent. Un jour, Mana m'annonça qu'une amie très proche venait de dire à sa mère que nous pratiquions l'écriture automatique. Je demandai alors :

— *À l'instant ?*

— *Oui, à l'instant,* me répondit-il, *toujours en écriture automatique.*

J'empoignai immédiatement mon téléphone pour appeler cette amie. Elle était encore avec sa mère, en train d'évoquer nos expériences extra-sensorielles. Je raccrochai. Le crayon à nouveau glissa frénétiquement entre les doigts de Marie-Ange :

— *Alors ? Le temps, c'est le bordel chez nous ?*

C'est drôle non ? Je vous livre la chose telle qu'elle s'est déroulée : un échange, du tac au tac.

Une autre fois, je préparais mon émission et me trouvais devant ma glace à essayer des cravates. J'hésitais entre la bleue et la rouge. Soudain, l'alerte sonore de mon téléphone retentit : un message, envoyé par une médium que je ne connaissais que très formellement, ayant seulement échangé avec elle quelques commentaires sur Instagram®, lors d'une précédente diffusion. Son message disait :

« Je suis en contact avec votre femme. Elle me dit que le rouge vous va très bien. »

Je choisis dès lors la cravate rouge, en souriant, réconforté de savoir Marie-Paule à mes côtés.

Un jour, alors que nous avions sollicité Marie-Paule, le crayon se mit à dessiner des courbes, et bientôt un plan apparut. Nous savions que ce n'était pas Marie-Paule, ni une personnalité déjà rencontrée, et nous stoppâmes l'échange, en demandant à cette âme de bien vouloir nous laisser. Puis Marie-Ange retourna la feuille et le crayon reprit son dessin. Trente longues minutes plus tard, sur la feuille était croquée une partie du Moyen-Orient, entre l'Égypte et la Syrie. Et aux confins de la Jordanie, non loin de la frontière avec l'Arabie Saoudite, Marie-Ange avait tracé un petit carré barré d'une croix ; et dessous, l'inscription :

— *C'est là que j'habitais.*

Durant ces années transitoires entre la musique et la spiritualité, Marie-Paule m'a souvent demandé de garder patience. J'étais sur la voie, m'écrivait-elle *via* Marie-Ange ou Jean-Toussaint, mais il fallait que je sois patient et que j'aille vers la lumière. Elle me confiait diriger vers moi des aides, mais que cela prenait du temps, parce que le temps s'écoulait différemment là où elle se trouvait, et que les interactions avec la matière étaient difficiles. Et puis elle me répétait inlassablement que j'avais des choses à comprendre. Une expression revenait souvent :

— *Il te faut aller vers la lumière.*

Et parfois elle ajoutait :

— *Pas la lumière de la lumière, car tu t'y brûlerais. Non, juste la lumière. Il te faut te rapprocher de la lumière.*

Alors je la questionnais :

— *Qu'est-ce que la lumière ? Comment m'en approcher ?*
— *Tu le sauras bientôt, répondait-elle, cela se fait avec le cœur.*

J'avais beau insister, ses formulations restaient vagues, très mystérieuses. Je ne comprenais pas ce que pouvait signifier « aller vers la lumière ».

Je pense désormais le savoir. Lorsque j'examine le film de ma vie, je vois une constante, un chemin. J'aurais pu être une « rockstar », l'animateur vedette d'une émission musicale, ou tout simplement, le partenaire idéal d'une vie confortable et routinière : le destin n'a pas voulu. Non. Il a pris un malin plaisir à toujours tout faire capoter, à l'instant ultime où j'allais concrétiser mes efforts, comme une porte qui se ferme définitivement, avec fracas. Il m'a poussé vers un autre futur, me faisant sans cesse rencontrer des personnes qui me guidaient, pas à pas, vers la création d'une chaîne consacrée à ceux qui vivent des expériences extra-sensorielles. Le métier, je l'ai appris fortuitement, grâce à ces années de chroniqueur TV ; les autres pièces du puzzle se sont assemblées presque d'elles-mêmes, comme si je n'avais pas eu le choix. Durant les cinq années qui séparent l'envol de Marie-Paule de la mise en place de ma chaîne, je n'ai eu de cesse de rencontrer des médiums, des personnes dotées de capacités extra-sensorielles ou ayant vécu des expériences paranormales, sans même véritablement le chercher. Je me suis souvent demandé si tout ceci n'était pas qu'une question de vibrations. Je m'interroge toujours. Mais une chose est sûre : c'est la multiplicité des rencontres qui m'a décidé à créer un support qui permette à tous ces hommes et ces femmes de témoigner, et à tous les autres de se sentir moins seuls.

Jean-Toussaint et ma cousine, Marie-Ange, ont bien évidemment tenu un rôle central dans cette orientation de vie, parce que j'ai une grande confiance en eux et sais pertinemment qu'ils n'ont aucune raison de me mystifier. Ils ont été mes premiers guides. Puis Vannina Schirinsky a pris le relais.

Le hasard, encore lui, m'a fait rencontrer Vannina, le jour où nous passions des auditions, sur le plateau de France 3 Corse ViaStella, pour tenter de décrocher un emploi de chroniqueur. Nous étions plus d'une vingtaine à postuler, ce jour-là. Par chance, j'obtenais la chronique « musique » et Vannina, la chronique « art et culture », de sorte que nous nous retrouvâmes régulièrement sur le plateau de télévision, nos deux chroniques se suivant à l'antenne.

Vannina est aujourd'hui une amie chère, avec qui j'aime discuter et partager toutes sortes de moments, futiles ou sérieux. Au début, nous n'évoquions qu'avec retenue ou pudeur les expériences marquantes de nos vies respectives, mais avec le temps, nous avons appris à nous confier l'un à l'autre. Vannina avait vécu trois expériences de mort imminente dans sa vie, la première à l'âge de quatorze ans. Elle avait rencontré la lumière et rapporté de l'au-delà une incroyable sensibilité. Et je dois admettre que la conviction et la sincérité qui l'animent, lorsqu'elle parle de son voyage dans la lumière, ont su m'ôter mes derniers doutes. Car si Jean-Toussaint et Marie-Ange m'avaient tous deux convaincus de la possibilité d'entrer en relation avec un monde invisible, peuplé d'âmes défuntes, Vannina rapportait des explications, presque tangibles, de ce qui se passait réellement au moment de la mort du corps biologique.

Avec le recul, il me paraît indéniable que Vannina a été un moteur. Elle m'a ouvert les portes d'un monde que je ne peux voir, mais dont je perçois intuitivement l'existence. Elle m'a offert des clés de compréhension, me poussant un peu plus loin sur le chemin de la spiritualité.

Lorsqu'en février 2019, je finalise le concept de ma chaîne, c'est tout naturellement vers Vannina que je me tourne pour la première interview.

Je n'avais pas encore conscience, à l'époque, que ma vie venait de franchir une nouvelle étape. Pourtant, je sais aujourd'hui qu'en allant à la rencontre de ceux qui vivent au quotidien avec les forces invisibles de l'Univers, je n'ai fait que poursuivre mon apprentissage. Les messages qui me parviennent à présent sont bien plus compréhensibles, parce que mes connaissances sont enrichies de toutes ces expériences. Et je sais, avec certitudes, que Marie-Paule est très fière de moi.

Avant de vous relater les plus marquantes de ces rencontres, il me faut vous avouer quelque chose : une réalité difficile à entendre et à admettre. Un jour, il n'y a pas si longtemps, j'ai osé demander à Marie-Paule, par l'intermédiaire de ma cousine, si elle savait pourquoi elle était partie, si vite, si jeune. Si c'était la faute à pas de chance, ou bien autre chose. Si nos destins étaient déjà tracés. Elle a d'abord refusé de répondre. Ce n'était pas la première fois qu'elle m'opposait un refus net et sans appel : il y avait visiblement tout un domaine sacré que les humains ne pouvaient pas comprendre... Mais j'ai insisté, beaucoup insisté. Alors elle m'a confessé être partie pour me permettre de grandir. C'est un aveu terrible, qui m'a profondément bouleversé. Aujourd'hui encore, j'en tremble en rédigeant ces quelques lignes. Peut-être faut-il en déduire que nous avons une mission à remplir sur Terre. Je ne sais pas. À vrai dire, je préfère ne pas trop y penser. La seule chose dont je suis sûr, au fond de mon âme, c'est d'arpenter un chemin que me correspond...

CHAPITRE 3

Rencontre avec des médiums

L**a première personne à témoigner** sur ma chaîne fut donc mon amie, Vannina Schirinsky. J'avais, pour l'occasion, aménagé une sorte de plateau dans mon salon : deux fauteuils qui se faisaient face autour d'une table basse, une bougie qui trônait, un mur blanc en toile de fond. J'étais vêtu d'habits sombres : une veste de velours sur un polo, jean noir. Je jouais à fond la carte de la sobriété, gage à mes yeux de sérieux et de sincérité. Pour le reste, la logistique était on ne peut plus basique : une caméra GoPro très bon marché, deux appareils photo de marque chinoise, en mode vidéo, ainsi que deux mini-projecteurs, également achetés sur un célèbre site de vente en ligne chinois. C'était une configuration vraiment rudimentaire et surtout inconfortable, car il fallait que je change la carte-mémoire des appareils photo toutes les 12 minutes, ce qui interdisait une diffusion en direct. Mais l'histoire de Vannina est si captivante, qu'on oublie bien vite les imperfections de l'image. Et je sais, à présent, que la chaîne naquit sous de très bons auspices.

Ce jour-là, Vannina nous a donc relaté sa première expérience de mort imminente, avec une telle intensité, une telle émotion, que même moi, qui connaissais parfaitement l'histoire, j'en fus bouleversé. Vannina ne raconte pas un événement. Elle partage une expérience qui l'a profondément transformée et qui se prolonge toujours. Car si tout débuta pour elle, à l'âge de quatorze ans, lorsque, s'électrocutant avec un lampadaire défectueux, elle fut projetée hors de ses chairs, elle n'a jamais cessé par la suite d'apprendre de cette terrible épreuve.

— Je me suis retrouvée face à ce corps, qui continuait à avoir les apparences de la vie, à s'agiter et hurler frénétiquement sous l'effet du courant électrique ; mais moi, je n'étais plus dedans. J'ai vu ma grand-mère tétanisée d'effroi devant la scène qui se déroulait sous ses yeux. Pourtant, je restais très indifférente à la situation. Je n'avais pas peur. Comme si je n'étais pas réellement surprise de me trouver hors de mon corps, comme si tout cela était naturel... Et presque immédiatement, je me suis sentie entourée de lumière. Tu sais, Philippe : beaucoup de personnes qui vivent des EMI, évoquent un tunnel avec une lumière au bout ! Moi, je n'ai rien vu de tel. Non. J'ai été directement enveloppée de lumière, comme si celle-ci était déjà présente, juste à côté de moi. Et puis j'ai de suite senti une présence amicale et ai aperçu ce que j'appellerais « un être de lumière », une sorte de grande silhouette vague, lumineuse et vaporeuse à la fois. Mais j'étais faite de la même matière. Chose étonnante : je pouvais tout voir en même temps, dans toutes les directions, et il me fallait me concentrer pour focaliser mon attention sur un endroit, afin d'en apprécier les détails. Je n'étais nullement effrayée. Non. La situation aurait même pu me paraître assez triviale, si je n'avais pas ressenti toute la peur que dégageait ma grand-mère, qui tentait en vain de détacher mon corps de ce maudit lampadaire. J'aurais voulu lui dire qu'il ne fallait pas qu'elle panique, que j'allais bien, mais j'étais impuissante : elle ne m'entendait pas !

Je n'eus guère le temps de m'apitoyer sur son sort, car l'être de lumière me projeta les étapes de ma vie passée, sous la forme de scènes animées ; et je percevais alors toute l'émotion qui accompagnait ces images, ou plutôt qui les matérialisait. Et plusieurs fois, je me sentis honteuse, en prenant conscience des blessures que j'avais provoquées. Comprends-moi : personne ne me jugeait, mais j'avais conscience des conséquences sur autrui de chacun de mes actes passés. Et il n'y avait pas eu que des actes d'amour. J'avais été pingre parfois, et cela me désolait.
Le film de ma vie se déroula à rebours, jusqu'à ma naissance. Puis, cet être de lumière me demanda si je voulais rester ou repartir vers mon corps. Il n'a pas formulé la question : je l'ai perçue au fond de mon être. Et comme j'étais bien, l'idée de retourner dans ce corps, qui se contorsionnait de douleurs, m'apparut illogique. Cela est peut-être difficile à entendre, mais je me trouvais dans une réalité limpide, pas du tout comme dans un mirage. Crois-moi : c'est ce monde-ci qui ressemble davantage à un rêve lucide, comme si notre corps matériel brouillait une réalité intelligible et lumineuse.
Et alors que je m'en allais vers d'autres sphères, en compagnie de ce guide lumineux, je reçus d'un seul coup comme un paquet d'informations : un bloc de connaissances que je nommerais « ma mémoire d'âme ». Comment expliquer la chose ? C'est comme si d'un coup, se bousculaient en moi d'innombrables sensations de vécus, avec tous les sentiments et les émotions liés à ces expériences de vie. C'est quelque chose qui t'explose à l'intérieur, et te plonge dans un immense trouble. Je n'en ai que des bribes de souvenirs. Mais je sais avoir eu, à ce moment précis, une vision détaillée de toutes mes vies antérieures et du but à atteindre dans cette réincarnation ; ma mission d'âme en quelque sorte. Mais voilà qu'au même instant, je suis catapultée à une vitesse fulgurante dans mon ancien corps, que ma grand-mère et mon frère, venu en renfort, avaient réussi à

décrocher du lampadaire. Je dois t'avouer garder une impression de dégoût de cette réincarnation forcée. Cela peut paraître étrange, mais ce corps, qui nous enveloppe, est une prison de chair, limitant considérablement nos capacités sensorielles.*

À ce moment de l'interview, je sentis Vannina désireuse de se confier davantage, comme si elle ressentait le besoin de se libérer d'un poids difficile à assumer. Je posai alors l'inévitable question de l'impact, voire du traumatisme, d'une telle expérience sur l'adolescente qu'elle était alors. Elle enchaîna :

— *Le retour fut violent, d'autant plus dur que je savais qu'il m'était impossible d'en parler sans passer pour une folle. Mais l'adolescente que j'étais est morte ce jour-là, laissant place à une personne à la fois mature et consciente de vivre, en réalité, dans un grand théâtre. Comme tu peux aisément l'imaginer, il m'a été impossible d'embrasser les aspirations puériles des gamins de mon âge. Pire, l'autorité parentale en a pris un sérieux coup, tout comme d'ailleurs bon nombre de règles ou d'obligations communautaires, qui nous sont imposées sur des bases mensongères. Je voyais les uns, les autres, s'agiter et même se battre pour des chimères, motivés par idéaux qui n'étaient qu'illusoires. C'est une chose terrible que de savoir que tous ces gens vivent dans un mensonge ! Mais, en même temps, je me sentais rassurée, car je savais que des êtres de lumière veillaient sur moi. Et puis, je me suis très vite rendu compte que je possédais des capacités jusqu'alors inexploitées. Je voyais désormais l'aura des êtres vivants, qu'il s'agisse de*

* Les dialogues reproduits dans cet ouvrage ont été construits à partir des interviews publiées sur la chaîne YouTube « On ne vous demande pas d'y croire ». Vous trouverez les références de ces émissions en fin d'ouvrage.

plantes, d'animaux ou bien sûr d'êtres humains. En fait, chacun de nous dégage une multitude d'informations. Certaines sont aisément appréhendables par nos cinq sens, mais je ressentais de nouvelles perceptions, des couleurs et une sorte de parfum que je nommais « le parfum d'âme ». C'est un effluve très subtil, qui révèle la sincérité des cœurs, je dirais même : l'intensité de la lumière qui rayonne en chacun d'entre nous. Et cette impression est redoutable de précision. Alors oui, il n'est pas toujours agréable de voir l'envers du miroir, tant de gens se cachent derrière leurs peurs, mais je n'ai pas choisi et dois vivre avec. Cela me demande un travail sur moi-même, d'acceptation et de compassion. À vrai dire, rien n'est simple, pour personne. Nous sommes souvent impliqués dans des scénarios qui nous dépassent et prennent source dans nos vies antérieures. Nous avons tous des missions d'âme, qu'on oublie pour la plupart d'entre nous dès notre naissance et que certains ne retrouvent jamais. De même, une mauvaise expérience peut être utile à l'âme, même si elle en retarde l'ascension vers la lumière. L'expérimentation de la matière, c'est aussi l'expérience du libre-arbitre. Et il faut parfois étreindre l'ombre pour chérir la lumière. Il faut que les gens comprennent que l'on a tous des guides et un cheminement à explorer, que nos âmes se fixent des objectifs, comme un carnet de travail. Malheureusement, on peut se perdre, parce que le cerveau prend le dessus sur la conscience de l'âme ; se perdre et même se trahir, en se coupant de la lumière, c'est-à-dire de notre essence fondamentale. De ce fait, ma conception du Bien et du Mal est assez différente de celle généralement admise ; mais j'ai l'intime conviction que faire le mal nous éteint, et nous enferme dans une terrible prison, sans avenir ni espoir.

En écoutant Vannina, je comprenais que nous étions tous faits de lumière et que l'obscurité qu'elle évoquait était notre propre négation. Et je me disais qu'il n'existait pas de pire prison que celle que certains bâtissent pour eux-mêmes. Il me vint alors l'idée de lui demander ce qu'elle pensait de Dieu et des religions.

— Tout ceci n'est que lumière, énergies équivalentes. Je n'épouse aucune religion à cause de leurs aspects dogmatiques. Je les épouse toutes lorsqu'elles parlent d'amour et d'universalité. Jésus, Bouddha, Mahomet : tous ne sont qu'énergie, sans forme particulière. Et nous, nous sommes tous des morceaux de cette énergie. Notre monde matériel, et toutes les sphères invisibles qui l'entourent, tout cela est vibrations. Nous évoluons dans un monde d'énergies. En tout cas, c'est comme cela que je perçois notre réalité. C'est mon expérience, c'est ma vérité. Je ne cherche pas à convaincre, je m'en fiche. Chacun voit midi à sa porte !

Je retrouvais la Vannina que je connaissais, droite dans ses bottes, sans concession et terriblement humaine à la fois. C'est d'ailleurs ce que j'apprécie en elle : sa franchise et sa spontanéité. Je vous l'ai dit : Vannina fait partie des gens qui m'ont accompagné sur le chemin de la spiritualité ; et j'ai une confiance absolue dans sa loyauté. Je suis intimement convaincu que tout ce qu'elle exprime, elle l'a vécue. Et je sais la transformation que cette expérience a opérée chez elle ; je connais ses doutes, ses moments d'harassement et de découragement.

Depuis cette interview, Vannina a continué à prendre conscience de ses nouvelles capacités. Elle m'a confié avoir l'impression que des dossiers scellés avaient été implantés en elle : des dossiers compressés, qui s'ouvraient et se dépliaient à mesure qu'elle franchissait des étapes de vie. Récemment, elle a commencé à développer des aptitudes nouvelles à la médiumnité. Elle se connecte de plus en plus facilement avec ses guides ou ses anges gardiens – qu'importe le nom qu'on leur donne – ce qui lui offre la possibilité de les questionner davantage, sur des tas de sujets qui se présentent à elle et ne la concernent pas forcément. Parallèlement, ses perceptions de l'aura des gens, et de ce fameux « parfum d'âme », augmentent. Elle évolue de plus en plus dans un monde de connexions énergétiques, captant sans cesse des bouffées d'informations. C'est assez pénible à vivre. Vannina a décidé de s'en servir pour aider les autres à résoudre des problèmes, à travailler des blocages, à redécouvrir les missions d'âme de chacun.

Elle m'a aussi révélé qu'il s'agissait de sa dernière incarnation. C'est quelque chose qu'elle sait depuis longtemps, car plusieurs personnes le lui ont dit, au cours de sa vie. La première fois, c'était dans un supermarché, où une femme, qu'elle n'avait jamais vue, l'a apostrophée au milieu des rayons, en lui lançant :

— *Bravo, mais cela doit être difficile pour vous.*
— *Pardon ? Pourquoi me dites-vous ça ?*
— *Parce que je sais que c'est votre dernière vie ! Courage !*

Cela semble étrange, n'est-ce pas ? Mais la scène s'est reproduite trois fois, m'a confié Vannina, à quelques années d'intervalle. Depuis, ses guides lui ont confirmé la véracité de ces messages : Vannina en est convaincue, elle poursuit une dernière mission. Et moi, je veux bien la croire. Je veux bien admettre qu'il existe une fin au cycle des réincarnations terrestres. Oui, peut-être a-t-on le choix, tout compte fait, entre revenir ici-bas pour vivre une nouvelle expérience, ou rester de l'autre côté, avec nos guides, baigné de lumière et d'amour. Je dois vous dire que cela me rassure d'imaginer que nous conservons notre libre-arbitre, un certain pouvoir de décision quant aux expériences proposées. Oui, je ne peux vraiment pas me résigner à considérer que tout puisse être écrit d'avance. Si tel était le cas, quelle serait alors notre utilité en tant que terrien ?

En ce début février 2019, j'actais donc la création de ma chaîne YouTube « On ne vous demande pas d'y croire », en mettant en ligne la première vidéo. J'étais très fier et nourrissais pas mal d'espoir, même si l'aventure pouvait sembler un peu folle. Il se crée tous les jours des dizaines de chaînes sur des réseaux Internet et peu émergent de l'anonymat. Je le savais, mais je n'avais pas grand-chose à perdre et cela me rendait confiant. Le lendemain, je comptais un abonné, mon père ; puis quelques autres les jours suivants, essentiellement des collègues de travail ou des amis. Je continuais mes vidéos, cherchant dans mon entourage des intervenants de qualité. Car il n'est jamais facile de trouver les bons interlocuteurs lorsque l'on débute.

Il devait toutefois être écrit que les choses iraient bien, pour moi : le nombre d'auditeurs augmenta régulièrement pour atteindre 1 000 abonnés le 15 octobre 2019, date de mon anniversaire. Je vous l'assure, la coïncidence est véridique. Et je considérai la nouvelle comme un joli cadeau, offert par l'Univers.

Bref, 1 000 abonnés en à peine huit mois, avec très peu de moyens et sans aucune publicité : je savourais un succès plus qu'improbable ! Chose importante : sur YouTube, lorsque vous atteignez 1 000 abonnés, votre chaîne devient monétisable, c'est-à-dire que les publicités commencent à générer des revenus. Je décidais alors d'investir dans du matériel plus professionnel et me procurais une véritable table de montage, perfectionnée, en remplacement d'un logiciel uniquement dédié à l'assemblage des vidéos, qui me demandait un temps fou pour monter convenablement les interviews. Et donc, tout excité par cette acquisition, je décidais d'organiser un petit essai, en direct live, afin d'explorer les capacités de la machine. J'avais invité quelques amis à assister à cette grande première, Christelle et son mari, Anthony, Mathieu. L'essai devait se dérouler sur une dizaine de minutes et nous avions ensuite prévu de dîner tous ensemble, sur place, puisque, je vous rappelle, tout se déroulait dans mon salon. Je tiens à préciser que je me sentais alors totalement incapable d'animer une émission en direct : je ne l'avais jamais fait, même durant mes années de chroniqueur TV, puisque les émissions étaient toujours enregistrées et retravaillées au montage. Le « vrai direct » est d'ailleurs un exercice très difficile, car les participants sont sans bouée pour tout ce qui concerne les maladresses gestuelles, les bafouillages et autres défauts de langage. Je désirais donc juste faire un essai, le plus court possible ! Mais ce jour-là, contre toute attente, il y eut foule de l'autre côté de l'écran, plusieurs dizaines de participants, qui m'inondèrent de questions, tant et si bien que cette improvisation s'éternisa deux bonnes heures durant. Et tout naturellement, je surmontais mon appréhension initiale, gagnais en confiance, trouvant même, au fil des minutes, l'exercice fort réjouissant. J'aurais presque continué une heure de plus, si les gargouillements de mon estomac vide ne m'avaient pas rappelé à la raison.

Pourquoi je vous raconte cette anecdote ? Parce qu'elle va avoir une importance capitale pour la suite des événements. En effet, deux semaines plus tard, le président de la République annonçait le confinement général, et nous nous retrouvâmes tous, ou presque, enfermés dans nos logements respectifs, sans avoir pu anticiper la chose. Comme beaucoup de Français, à l'époque, je dus me battre contre un désœuvrement presque forcé. Dans ces conditions surréalistes, ma merveilleuse console s'avéra d'une utilité inestimable, me permettant d'enchaîner les interviews par visioconférence, en direct live ; et comme j'avais du temps à revendre, et mes intervenants aussi, je produisis durant toute la période de trois à quatre enregistrements par semaine. Les auditeurs, qui disposaient eux aussi d'un temps devenu extensible, s'intéressèrent, de plus en plus nombreux, à ces petites productions. De sorte que ma chaîne franchit le cap des 10 000 abonnés dès la fin avril. On peut parler, je crois, d'un véritable envol !

Très vite, je fus débordé par le nombre, en particulier par le volume des questions, que des internautes, toujours plus présents, posaient en direct. La rançon du succès a un prix ; et je me retrouvais en panique, un après-midi d'avril, incapable de gérer les centaines de questions, qui fusaient sur le « tchat » de la chaîne. Fort heureusement, ce jour-là, Christelle me donna un coup de main : oui, la fameuse Christelle, qui avait assisté au test, et qui suivait, depuis, chacun de mes directs, bravant l'interdit d'un confinement aveugle. Christelle s'imposa naturellement comme la modératrice de la chaîne : celle qui trie et sélectionne les questions, ensuite posées aux intervenants.

Aujourd'hui, c'est une autre Christelle, de Marseille, qui a pris le relais. Deux « Christ-elle » qui se succèdent, donc, en tant que modératrices de la chaîne : la coïncidence mérite d'être soulignée.

Vous voyez : certains pensent que le hasard fait bien les choses. Mais peut-on vraiment considérer que tout n'est que circonstances hasardeuses ?

Je vous l'ai déjà dit – et vous le répéterai encore – dès que j'ai mis le premier pied sur ce chemin spirituel, j'ai bénéficié de conjonctures extraordinaires. Alors, peut-être devrais-je plutôt parler de synchronicités, c'est-à-dire de faits apparemment distincts, qui finissent par prendre sens, ensemble, au moment opportun. J'insiste : ni l'achat de la console, ni la tentative de transmission en direct devant quelques invités, ni l'engouement de Christelle pour ces diffusions, ne forment, séparément, quelque chose de décisif. Et pourtant, tous ces éléments vont s'avérer essentiels et même indispensables, dès le mois suivant, au moment où le confinement fut décrété. Le hasard a décidément bien fait les choses : c'est incontestable !

Et de songer, parfois, au fond de mon âme, que Marie-Paule n'y est peut-être pas totalement étrangère. Ne m'avait-elle pas promis de diriger vers moi quelques aides salutaires ?

Bien sûr qu'elle me l'a promis, noir sur blanc, à travers la plume de Marie-Ange ! Elle s'est engagée à m'aider et a tenu parole, en m'adressant des guides, qui m'ont accompagné sur le chemin. Il n'y a pas de hasard : celles et ceux qui sont venus témoigner sur ma chaîne m'ont fait tout autant progresser dans ma vie, qu'ils ont permis à mon émission de croître et d'atteindre une vraie notoriété. Oui, j'ai fait de bien belles rencontres !

Il m'est, bien entendu, impossible de toutes les évoquer. Certaines ont été plus marquantes que d'autres. Probablement parce qu'elles arrivaient au bon moment. Je crois qu'il ne sert à rien de vouloir tout expliquer. La vie est faite d'imprévus, de connexions inattendues, de bonnes surprises. Alexandra Gabriel fut de celles-là !

Je me souviens précisément de notre premier entretien. C'était en début de soirée et je buvais un verre dans une paillote ajaccienne, les pieds dans le sable, le regard perdu dans les tons ocre d'un crépuscule de juillet sur les Îles Sanguinaires. Soudain, le téléphone sonne : c'est Alexandra, une auditrice de ma chaîne, qui désire me parler de nombres et de numérologie. Honnêtement, j'étais jusqu'alors très sceptique quant à l'idée que notre date de naissance ou notre nom puissent orienter d'une manière ou d'une autre notre vie. Mais Alexandra sut de suite m'intriguer. Et ce soir-là, nous restâmes une bonne heure au téléphone. Pourquoi ? Parce que très rapidement, Alexandra me parla de moi, de mes expériences, des gens qui m'entouraient. Comment pouvait-elle savoir tout cela ? Elle ne me connaissait pas et vivait de surcroît à Toulouse. Elle ignorait tout autant les nombres de ma vie. Et c'est alors qu'elle m'avoua être également médium.

— C'est la cerise sur le gâteau, me dit-elle en riant, mais les nombres ne sont pas qu'un support à ma médiumnité, ils possèdent leur propre vérité. Et Pythagore le disait déjà, il y a plus de 2 000 ans : l'Univers est entièrement régi par des nombres !

Et plus elle parlait de moi, de Marie-Paule, de nos caractères respectifs, de celui des membres de nos deux familles, et plus je trouvais la chose extraordinaire. Imaginez : elle ne m'avait jamais physiquement rencontré, mais était pourtant capable de détailler certaines des étapes les plus importantes de mon parcours, certaines de mes aspirations les plus profondes aussi ; comme si elle compulsait les pages d'un livre retraçant mon chemin de vie. Elle me parla aussi d'elle et de toutes les synchronicités qui l'avaient amenée à prendre conscience de ses aptitudes particulières. Bref, elle finit par me convaincre de l'importance des nombres dans la vie, pour l'information que chacun d'eux détient, pour la manière dont ils se combinent les uns avec les autres. Et je décidai de l'inviter à témoigner sur ma chaîne. L'interview se déroula fin juillet 2020.

— Mon éveil spirituel a débuté à l'âge de onze ans, au moment du décès d'Ayrton Senna. Je me souviens parfaitement de cet instant où ma mère, sortant du garage l'air hébété, m'annonça la mort du pilote de Formule 1. J'ignorais qui il était, comme la majorité des petites filles de mon âge. Mais je fus immédiatement submergée par un immense chagrin, parfaitement incompréhensible ; et lâchant le vélo avec lequel je m'amusais, je filai dans ma chambre cacher mes sanglots. Je restai ainsi prostrée plus d'une heure, le visage inondé de larmes. Bien évidemment, je ne comprenais pas ce qui m'arrivait. Je savais seulement, au fond de moi, que cet événement n'était pas anodin et que ma vie allait en être changée.

Le soir, le journal télévisé diffusait un reportage consacré au champion disparu. Je dévorais les images, cherchant à lire des réponses dans cette silhouette que je découvrais. Une chose attira mon attention : Ayrton s'adressait en anglais aux journalistes qui l'interviewaient. Or, l'anglais était pour moi synonyme de tourments scolaires et, comme un fait exprès, il y avait justement interrogation écrite, à l'école, le lendemain même. Mais ce soir-là, en écoutant Ayrton Senna pour la première fois, il y eut comme un déclic dans ma tête. Et je passais une bonne partie de la nuit à réviser tous mes cours, animée d'une force presque frénétique. Le lendemain, j'obtins un 17 à mon contrôle d'anglais. Ce résultat était tellement improbable que le professeur douta à demi-mot de mon intégrité ; et j'eus droit quelques jours plus tard à un second examen. Et cette fois-ci, il me décerna un 20 et toutes ses félicitations. Il ne pouvait pas deviner qu'une passion dévorante était née en moi. Je voulais tout savoir sur cet homme, dont la disparition avait chamboulé mon existence : je me mis même à écrire des lettres à son entourage, à ses anciens coéquipiers...

Et puis un jour, quelques années plus tard, j'ai fait ce que je ne recommande à personne d'essayer : une séance de spiritisme. J'étais avec des copines, adolescentes comme moi, et j'ai posé, à l'esprit contacté, la question qui me taraudait tant depuis des années : quel était ce lien invisible qui me reliait à Ayrton Senna ? Et ce jour-là, l'esprit répondit : « tu n'es connue que de Dieu ». Ce fut un choc, une vraie désillusion, qui me plongea en plein doute, dans un profond désarroi. Il fallait se rendre à l'évidence : je m'étais inventé une vie, une relation, un compagnon invisible...

Durant des années, j'ai refermé le chapitre de la spiritualité, me concentrant sur les études et ma vie de jeune femme. En 2011, le décès de ma mère a réveillé en moi ce besoin que j'avais si méticuleusement enfoui au fond de ma mémoire : que se passait-il à notre mort ? Alors, je recommençais à lire des ouvrages sur l'au-delà, à rechercher toutes sortes d'éclairage sur le devenir des âmes.

Et c'est en mars 2011, que pour la première fois, j'assistai à une conférence d'Anne Ray Wending, consacrée aux grands principes de la numérologie. Ce fut une révélation ! Aussi étrange que cela puisse paraître, tous ces nombres me parlaient. Plus encore, je découvrais une manière de voir le monde qui m'était incroyablement familière. Quelques semaines plus tard, je prenais rendez-vous avec Anne et commençais ainsi mon apprentissage de cette étonnante science du nombre.

Aujourd'hui, je considère la numérologie comme un merveilleux outil de développement personnel, doublé d'une méthode d'analyse de ce que l'on vit et des choix que l'on assume. C'est aussi un support, qui aide à connecter l'esprit à l'âme…

J'écoutais religieusement Alexandra me raconter sa découverte de la numérologie. Mais une question me brûlait les lèvres et je finis par l'interrompre :

— As-tu compris ce qui s'était passé avec Ayrton ? La raison de ton chagrin ?
— Oui, bien sûr, j'ai fini par comprendre. Les nombres nous renseignent sur les énergies qui nous définissent. Ils sont un moyen de lecture du monde énergétique qui nous entoure. En cela, ils renferment des secrets. Dans le cas d'Ayrton, j'ai reçu de plein fouet une partie de l'énergie qu'il a libérée au moment de partir. Pourquoi moi ? Probablement, parce que j'ai été proche de lui dans une vie antérieure. En fait, nous sommes tous connectés hors espace-temps. Cela, je l'ai compris plus tard, en 2015 pour être précise. Cette année-là, j'emménage à Toulouse et, cherchant du travail, je décide de faire un stage aux pompes funèbres. Cela peut paraître curieux, mais cette offre d'emploi réunissait tous les critères que je recherchais ; et puis je me suis dit, à l'époque, que l'occasion était belle d'aider tous ceux qui étaient attristés par la perte d'un être cher. Aujourd'hui, je sais que c'est l'Univers qui m'a poussé à faire ce stage : j'avais rendez-vous avec mon destin. Et c'est ainsi qu'un matin, je me retrouvais subitement, et à ma grande surprise, submergée par un chagrin immense, devant un corps que je découvrais pour la première fois. Et à ce moment précis, ce sont tous mes souvenirs de petite fille qui ont ressurgi ; toute cette affliction que j'avais ressentie à la mort d'Ayrton Senna et que j'avais, depuis, enfouie au fond de ma mémoire. J'en fus bouleversée. Mais, cette fois-ci, l'âme du défunt entra en contact avec moi et je compris alors qu'elle ne m'était pas inconnue. Le destin m'offrait la clé de compréhension de ce que j'avais jadis éprouvée à l'âge de onze ans. Je n'avais pas

été folle. Je ne m'étais pas inventé un ami imaginaire. Non. J'avais reçu un cadeau spirituel de la part d'Ayrton Senna, au moment où il quittait ce monde matériel.

— Tu penses donc que nous sommes tous liés par des énergies, c'est bien cela ? Et crois-tu alors que les nombres forment comme des formules mathématiques, presque magiques ?

— Je ne sais pas si on peut décrire tout le fonctionnement de l'Univers avec des expressions mathématiques. En revanche, il ne fait aucun doute que bien des lois peuvent être exprimées sous la forme de formules mathématiques. Les nombres permettent de mettre des mots sur des phénomènes intangibles. Je les compare souvent à des notes de musique, dans la mesure où seuls, ils n'expriment que peu de chose, mais lorsqu'on les assemble, on entend une mélodie.

— Tu veux dire que les nombres ne parlent pas forcément d'eux-mêmes ?

— Oui, c'est ça. Il faut les considérer dans un ensemble, considérer la partition dans son entièreté.

— Tu es parfois aidée, aussi, je crois.

— Tu abordes un sujet que j'ai longtemps eu du mal à accepter. Oui, lorsque je travaille sur le thème de quelqu'un, je reçois souvent la visite de défunts ou de guides, qui éclairent mes analyses. Ce sont habituellement des messages précis à communiquer à la personne, comme une mise en garde sur telle ou telle action à entreprendre. Parfois, il s'agit aussi d'indices pour orienter mes interprétations. On me communique alors des informations sur le passé de la personne. Ce sont des contributions très utiles, mais toujours données avec parcimonie. C'est pour cela que je n'aime pas qu'on vienne me voir pour mes capacités médiumniques. Mon travail reste l'analyse des nombres ; le reste est un plus, seulement un plus. Je dis cela, parce qu'en réalité, je n'ai pas besoin de ces aides. Elles sont spécifiques à des cas particuliers. Mais la numérologie est en soi une science très complète, qui possède un aspect

pragmatique, très pointu. Les nombres ne mentent pas ; et certaines combinaisons délivrent un message très limpide. On ne débute pas un projet, de la même manière, lorsqu'on se trouve en année 1 ou en année 9 !
La numérologie permet aussi de mettre des mots sur des ressentis, parce que nous sommes tous des êtres spirituels, en réalité. Les nombres nous aident à nous connaître, à faire le tri dans nos pensées, à renouer avec notre chemin de vie. L'expérience m'a appris que les moments de doute ou d'errance relative sont souvent nécessaires : ce sont des moments de pause, au cours desquels on peut régler des choses, que l'on n'aurait pas le temps de faire en d'autres circonstances, emporté par le tourbillon de la vie. Nos énergies savent tout cela. Et les nombres permettent parfois d'anticiper ces moments-là, de les comprendre en tout cas et de gagner du temps.

J'en arrivais à l'idée qui me hante depuis toujours : la fameuse question du libre-arbitre. C'est une interrogation récurrente, que je pose pratiquement à tous mes interlocuteurs, parce qu'elle fait écho à ma propre histoire. Souvenez-vous : je vous ai confié qu'il me semblait n'avoir pas eu le choix ; que l'Univers s'était toujours arrangé pour condamner les accès des chemins qu'il ne voulait pas que je parcoure ; que ma femme était peut-être partie pour me permettre d'évoluer différemment. Alors, a-t-on réellement le choix de nos destinées ?

— Peut-être. J'aurais tendance à te répondre par l'affirmative, mais il s'agit probablement d'un libre-arbitre limité. Parce que nos vies s'inscrivent dans une chaîne d'incarnations et sont liées entre elles. Tu comprends : ton libre-arbitre s'exprime face à une situation qui t'est peut-être proposée par rapport à un plan, qui s'étale dans le temps. Un nageur professionnel peut très bien avoir surmonté une phobie passée, ou préparer une vie

future à défendre la vie marine. Nos missions d'âme tiennent forcément compte de toutes ces implications passées et futures. Alors, oui, nous possédons un libre-arbitre, mais l'Univers nous redirige aussi, sur le chemin de nos missions. C'est pour cela que nos nombres ont un sens : ils forment des formules qui nous renvoient à la réalisation de ces plans d'ensemble, de ces chemins d'âme, si je peux m'exprimer ainsi, qui sont par définition plus complexes que de simples chemins de vie.

— Mais si notre libre-arbitre est limité, est-il possible que le destin d'un Adolf Hitler soit réellement de faire le mal ?

— Peut-être doit-on considérer que certaines âmes acceptent un rôle des plus ingrats pour un but supérieur. Je m'explique : nous sommes tous interconnectés. En ce sens, les choix des uns sont rattachés à ceux des autres. Les drames collectifs, aussi terrible que cela puisse paraître, agissent à une échelle plus universelle que les tragédies familiales. L'expérience nazie fut une des pires atrocités jamais commises contre l'humain. La contrepartie d'une telle horreur fut le réveil des consciences ; et celui-là profite à toute l'humanité.

Comme Vannina précédemment, Alexandra exprimait une notion du Bien et du Mal très éloignée de celle généralement admise par la morale. Peut-on réellement considérer la guerre ou la tyrannie comme des maux nécessaires à la progression de l'humanité ? J'estimais l'idée révoltante et en frissonnais de tout mon corps. Mais je ne pouvais m'empêcher de songer qu'à l'échelle de ces énergies immortelles que sont les âmes, la Seconde Guerre mondiale et ses abominations ne devaient représenter qu'un battement d'aile…

Alexandra consacra ensuite une bonne heure à répondre aux interrogations des internautes : des questions soigneusement choisies par Christelle de Marseille, la désormais modératrice attitrée de la chaîne. Alexandra parlait avec douceur mais conviction, et j'étais totalement séduit par la spontanéité et la simplicité de ses réponses. Les ressentis ne trichent pas ; je ne doutais pas un seul instant de la probité de ses propos.

Quelques jours plus tard, j'évoquai le sujet avec « Mister John », mon indicateur confidentiel, et il me confia avoir perçu, lui aussi, cette grande authenticité chez Alexandra. Au fait, je ne vous ai pas encore parlé de « Mister John » : c'est normal, il s'agit d'un personnage furtif, très secret, qui me suit depuis mes débuts, mais toujours incognito. Il est mon référent, celui qui m'aide concrètement à choisir mes invités. Comprenez : je ne possède pas de talent médiumnique. Je me fie à mon intuition. Et dans mon ombre, « Mister John » veille... C'est une bien étrange association en réalité, qui mérite amplement que j'y consacre un paragraphe !

C'est vers la fin du mois d'avril 2020, que je rencontrai « Mister John », pour la première fois. Enfin, je parle de rencontre virtuelle, et non physique. Je suis toujours incapable de mettre un visage sur ce nom de code, bien mystérieux. Car vous l'avez sans doute compris : il ne s'agit pas de son véritable nom. Mais son identité doit également rester secrète : c'est un accord entre nous.

Bref, tout débuta par un email assez singulier, qui tranchait totalement avec les messages que les auditeurs m'adressaient habituellement : le ton était direct, le style soigné, le propos assez brut de décoffrage. Et cela m'a plu.

— *Bonjour Philippe,*
Nous avons le même âge : aussi, permets-moi de te tutoyer. J'ai eu beaucoup d'amis corses d'Ajaccio, Propriano, Calvi... J'y suis allé souvent et avec bonheur (...)

S'ensuivait une brève présentation de ses attaches dans l'île, quelques petites appréciations sur mon travail, puis « Mister John » entrait dans le vif du sujet :

— Qui suis-je ? Je suis philosophe universitaire, bien que je n'enseigne pas. (...) Mais sur le plan paranormal et spirituel, j'ai un riche vécu, car je suis né très curieux et n'ai jamais arrêté de lire, de travailler, d'expérimenter... Te raconter tout ce que j'ai fait et sais faire prendrait trop de temps, et ce n'est pas pour parler de moi que je te contacte... Non, en fait, je voudrais t'aider, collaborer à distance avec toi... Le seul petit hic, est que je suis un peu parano avec Skype, YouTube, Google, Facebook, tout ce qui traque, collecte les données. Je suis d'une nature prudente et méfiante avec tout ça... Et je t'avoue que parler de moi ne m'intéresse pas franchement.
Ce qui m'intéresserait, c'est plutôt de savoir comment t'aider. Ce ne sera pas une aide financière (les philosophes sont comme Socrate), mais cela peut être de bien d'autres façons. Je crois que nous pouvons aussi être complémentaires tous les deux car toi, tu es très réseaux sociaux, et moi, très structuré sur les contenus.
(...)
Je prépare un article fort sur les voyages hors du corps à Shambhalla... Je pratique cela aussi depuis l'enfance. J'ai rencontré celui qui se surnomme Marc Auburn (pseudo) : personnellement, je le trouve très intéressant, mais il a un ego gros comme une montgolfière et il n'y a rien eu de positif entre nous. Les gros egos, c'est dommage, vraiment dommage, car ça fait barrage avec le cœur, la simplicité.
(...)
C'est en toute simplicité que je te contacte : je n'ai aucune idée préconçue. J'ai vu la qualité de tes vidéos et de tes intervenants. J'ai été impressionné par la franchise des uns et des autres...

JE NE SAIS PAS COMMENT TU FAIS POUR ÉLIMINER LES CHARLATANS... Car il y en a beaucoup en ce milieu. Tes choix sont aussi le gage de ton succès... (...)

Cette longue lettre – j'ai sauté plusieurs passages – se poursuivait par quelques réflexions sur l'étrange période que l'on était tous en train de vivre (confinement) et se terminait par des encouragements. Il y avait aussi un numéro de téléphone et j'étais invité à appeler « si je le sentais ».

La lettre m'intriguait. Surtout, elle soulignait un point capital, qui me tracassait souvent : choisir des intervenants crédibles et sincères. J'avais jusque-là eu de la chance, mais plus je multipliais les contacts, et plus je risquais, effectivement, de m'égarer. Alors, un soir, je décrochai mon téléphone et appelai « Mister John ». Ce fut le point de départ d'une collaboration fructueuse. De ce premier entretien, je ne saurais quoi vous raconter. Nous avons parlé, beaucoup parlé, évoqué la médiumnité, l'amour, le partage, l'au-delà. « Mister John » ne m'avait pas menti : sa culture était vaste et sa maîtrise des sujets bien supérieure à la mienne. Surtout, il possédait d'indéniables capacités extra-sensorielles, qui lui permettaient de voyager hors du corps ou de percevoir l'aura des gens. Ce soir-là, je sentis beaucoup de bienveillance, un peu de pudeur aussi, comme s'il n'osait pas me proposer son aide, tout en espérant pouvoir le faire ; une sorte d'entre-deux subtil, fait de tact et de discrétion. Et il se risqua même à quelques prédictions me concernant, qui s'avéreront toutes exactes par la suite.

Nous échangeâmes souvent dans les semaines qui suivirent. Je compris rapidement qu'il ne viendrait jamais témoigner sur ma chaîne, et je l'acceptais. Mais au fil de nos échanges, sur le ton de l'amitié naissante, notre collaboration se mit en place, le plus naturellement du monde. Elle prend toujours la forme d'un dialogue, au cours duquel chacun de nous livre ses impressions sur les invités, passés, futurs ou potentiels. Et de vous avouer, avoir pris l'habitude d'accorder une grande attention aux humeurs de « Mister John ».

Mais n'allez pas croire que nos relations ne sont que professionnelles. Non. On plaisante beaucoup, on taille quelques costumes aussi, pas méchamment bien sûr, juste parce que l'occasion est propice. Une fois, je me suis même amusé à taquiner « Mister John », en le mettant au défi de deviner le prochain invité de la chaîne. Et je prenais un malin plaisir à le faire languir, en lui soufflant qu'il s'agissait d'un invité de marque, si célèbre, qu'il n'y penserait même pas. « Mister John » s'avéra très impatient, d'autant que toutes ses tentatives pour découvrir l'invité-mystère restaient vaines. Je me moquais gentiment de lui ; il finit par se rendre. Alors, je lui annonçai fièrement recevoir un certain Claude Vorilhon. Il hurla :

— *Mais tu es fou ! Pas lui. Non. C'est une secte ! Tu ne peux pas ! Pas lui !*

J'explosai de rire. Je n'avais, bien évidemment, jamais eu l'intention d'interviewer celui qui se faisait alors appeler « le Prophète Raël » : un personnage hautement sulfureux, qui racontait à ceux qui voulaient bien le croire que des extra-terrestres, les Élohim, lui avaient confié la lourde tâche d'informer l'Humanité, qu'elle avait été créée par eux. Je crois même qu'il avait été amené à se rendre sur leur planète et qu'il y avait rencontré, Bouddha, Jésus et Mahomet : c'est vous dire !

Je vous l'ai dit, il n'est jamais évident de trouver des intervenants lorsqu'on débute. C'est pourtant une chose primordiale, car la renommée d'une chaîne se construit avec la réputation de ses participants. Mais comment intéresser des personnalités connues, et par conséquent très sollicitées et peu disponibles, lorsqu'on représente un média sans réelle notoriété ? Exposé ainsi, le problème paraît insoluble. Il faut des célébrités pour faire parler de soi et doper son audience, mais celles-ci ne s'expriment que sur des supports déjà populaires. Le risque est alors de se retrouver avec une chaîne de débutants, avec peu d'auditeurs et donc aucune chance d'attirer de vraies stars. J'en avais bien conscience.

Aussi, dès que j'obtenais l'interview d'une personnalité un peu expérimentée, je lui demandais de bien vouloir intercéder en ma faveur auprès de ses connaissances, construisant peu à peu mon premier réseau d'intervenants.

La première personne de renom à accepter de témoigner sur ma chaîne fut la médium Dominique Vallée. Et c'est Dominique qui permit ensuite à mon émission de franchir un cap, en la faisant connaître des autres médiums. C'est Dominique qui se chargea, par exemple, de contacter pour moi Reynald Roussel, une vraie célébrité dans le milieu. Alors, il faut que je vous raconte une petite anecdote concernant le personnage. Reynald Roussel est un médium très respecté, auteur de plusieurs ouvrages et vidéos à succès. Un jour, en 2015 je crois, j'apprends sur un forum en ligne qu'il doit venir en Corse, à Ajaccio, pour une conférence. Et donc très enthousiasmé par la nouvelle, je lui adresse directement un message, *via* ce même forum, en lui demandant si la conférence est bien maintenue et surtout à quelle date. Et là, je reçois une réponse assassine :

— *La Corse, non, certainement pas. Et je ne suis d'ailleurs pas près de venir en Corse !*

À l'époque, je n'avais bien sûr pas insisté, de peur sans doute de contrarier davantage mon interlocuteur... Donc, lorsque Dominique Vallée me propose de contacter pour moi Reynald Roussel, je ne peux m'empêcher de sourire et de lui relater la petite mésaventure, tout en précisant que je me ferais bien entendu une joie de le recevoir.

Le lendemain, Dominique m'appelle en me disant :

— *C'est ok, Philippe, j'ai eu Reynald, il est d'accord. Tu verras, c'est quelqu'un d'extraordinaire. Il suit même parfois tes émissions, qu'il trouve bien sympathiques, même si les questions ne volent souvent pas bien haut.*

Je raccrochai, un peu interloqué. Que signifiait donc cette remarque à propos de questions ne volant pas très haut ? Parlait-il de mes interventions ? Plus j'y réfléchissais et plus je trouvais cela gonflé de sa part ; et je décidais de ne pas le rappeler. Je n'allais quand même pas accepter de me faire insulter de la sorte !

La situation se décanta quelque temps après, lorsque je compris que Reynald ne parlait pas de moi, mais de certaines réactions sur le tchat lors de l'interview de Dominique Vallée. À vrai dire, j'avais eu une réaction d'orgueil et me sentais un peu penaud ; d'autant que lors de notre entretien, je découvris un personnage étonnant, haut en couleurs comme on dit, dissimulant derrière un masque ronchon une très grande sensibilité. Ce jour-là, nous parlâmes moins de l'au-delà que du quotidien d'un médium très populaire.

— Vous avez raison, Philippe, je suis un médium populaire, dans la mesure où de nombreuses personnes s'adressent à moi, pour toutes sortes de demandes. Évidemment, j'ai mes domaines de prédilection, en particulier tout ce qui se réfère à la communication avec les défunts. Il y a aussi des domaines que j'ai refusé d'explorer, le magnétisme en particulier. Pourquoi ? Parce que les soins énergétiques impliquent d'aimer profondément les gens. Quand on soigne l'autre, on fait don de soi. Et ce n'est pas facile, croyez-moi. J'ai vécu une expérience compliquée à mes débuts et me suis promis de ne plus essayer.

Les gens me demandent souvent comment devient-on médium ? Cela ne s'apprend pas. À l'âge de cinq ans, je voyais déjà des défunts et des choses anormales. J'avais déjà compris que j'étais différent et qu'il ne fallait surtout pas que j'en parle. J'ai grandi avec, en me sachant connecté aux énergies de l'au-delà.

Alors, comme je n'étais pas brillant dans mes études, c'est le moins qu'on puisse dire, j'ai été rapidement orienté vers des métiers manuels. J'ai exercé quelques années comme coiffeur. Mais progressivement, les événements de ma vie m'ont poussé à endosser ce rôle social de médium. C'est un rôle important, vous savez : des gens sont dans le besoin, parce qu'ils ont perdu un être cher ; il y a aussi les messages que l'on m'adresse depuis l'au-delà à l'attention d'un tel ou d'une telle. Ce sont des aides souvent cruciales.

— Passez-vous toujours les messages ?

— Non, pas toujours. Si c'est important, ils insistent. Alors je prends mon courage à deux mains. Vous savez : ce n'est pas facile d'aborder un ou une inconnue, dans la rue, sur la place d'un marché, pour lui annoncer des choses aussi délicates,

qu'un message de l'au-delà ! Les situations sont parfois cocasses. Mais les gens sont plutôt ouverts d'esprit...

Je pensai alors à la scène que m'avait relatée Vannina au supermarché. Je me disais que là-haut, ils devaient savoir choisir les personnes susceptibles de recevoir de tels messages sans s'en offusquer. Reynald enchaîna :

— Je vis dans un petit village et vous imaginez bien que ma réputation me précède souvent. Il y a ceux qui me disent bonjour et ceux qui n'osent pas, qui murmurent dans mon dos. Mais les gens sont plutôt sympathiques en réalité. Ce que je n'aime pas, c'est lorsque j'entends parfois : « c'est lui qui parle avec les morts ». Parce que je ne parle pas avec les morts, bien évidemment. J'entre en communication avec la conscience de la personne défunte, avec la part qui survit : son âme.

J'ai quelques anecdotes amusantes à ce sujet. Une fois, alors que je donnais une conférence en public dans une grande salle, je vois une silhouette longiligne bondir sur l'estrade : Rudolf Noureïev. Pour ceux qui ne le connaissent pas, il fut un formidable danseur classique dans les années 1960-70, le directeur du ballet de l'Opéra de Paris dans les années 1980, avant de nous quitter le 6 janvier 1993. Bref, je m'interromps, stupéfait, me demandant si je dois informer l'assistance de cette apparition. J'hésite. Les mots sortent de ma bouche : « Est-ce qu'il y a dans cette salle, un danseur de ballet ? ». Une main se tend. Alors j'invite cette personne, un jeune homme, à venir me voir à la fin de la conférence. C'était un jeune danseur, très admiratif de la carrière de Rudolf Noureïev ; et ce dernier était venu pour lui expliquer comment positionner ses pieds, pour ne pas souffrir plus tard des tendons : un problème visiblement spécifique aux hommes qui avaient de grands pieds ! Voilà. Je pourrais vous raconter d'autres apparitions toutes aussi sympathiques. Ce n'est pas moi que l'on vient voir. C'est toujours quelqu'un d'autre. Je ne fais que passer des messages. D'ailleurs, lorsque je prépare ces conférences, je reçois un flot de messages de l'au-delà. Et le jour J, je les délivre, souvent en vrac, sans savoir à qui ils profitent dans l'assistance. J'ai juste acquis l'intime conviction que mes guides savent, à l'avance, quelles sont les personnes qui seront présentes.

Bien sûr, les séances publiques ne sont qu'un aspect de mon travail. Le plus souvent, je reçois en consultation privée. Les gens qui me sollicitent, à l'occasion d'un deuil ; il y a aussi les entreprises, les hommes d'affaires, qui viennent me consulter pour des prédictions, de la voyance. Il s'agit alors d'investissements, d'opérations financières, de projets à risque.

Je me remémorai alors les séances d'écriture automatique avec Marie-Ange. Je vous ai dit que j'avais eu l'impression que le futur n'était pas encore écrit, qu'il se présentait sous la forme d'une multitude de voies plausibles, plus ou moins probables, et que c'est notre libre-arbitre qui favorisait une piste particulière dans ce champ des possibles, éteignant de ce fait les autres. Si tel était le cas : comment le voyant pouvait-il connaître à l'avance le chemin qui se matérialisera ?

— La voyance, c'est passionnant, me confia Reynald. Même si, en ce qui me concerne, je ne fais pas de voyance traditionnelle. Je ne m'occupe pas de questions de cœur, de mariage ou ces choses-là. Moi, je travaille sur des projets d'investissement qu'on décortique avec mes guides. On évalue les possibilités, les perspectives. C'est passionnant !

— Les défunts, connaissent-ils l'avenir ?

— Je le crois. Mais ils ne veulent pas le prédire. Non. Après, je vais vous avouer une chose : souvent, j'entends parler de l'intuition du médium ou du pouvoir de l'intuition en général. Honnêtement, je ne sais pas de quoi il s'agit. Mon intuition est

peu efficace, en réalité. En revanche, je reçois des messages : c'est différent, cela ne vient pas de moi. En ce qui me concerne, j'ouvre mon canal et je reçois de l'information. Je ne contrôle rien. Il m'arrive par exemple de ressentir qu'une personne est malade, que sa santé va défaillir, qu'elle va partir. Je ne sais pas pourquoi ; je ne sais pas comment. Je le ressens, c'est tout. La première fois, je m'en souviens comme si c'était hier. J'avais 23 ans et participais à une réunion amicale chez quelques personnes de connaissance. La maîtresse de maison était enceinte et elle montrait fièrement le nouvel aménagement des lieux et la chambre du bébé à naître ; et moi, d'un coup, je sus que l'enfant ne viendrait pas au monde. Je ne peux pas vous expliquer pourquoi. Je l'ai su, c'est tout ! J'ai depuis appris à vivre avec.

Vous savez : tout le monde est connecté à ses guides, en permanence. Certains reçoivent les messages, c'est le cas des médiums. Les autres ne les perçoivent pas, parce que la fréquence est brouillée. Ne me demandez pas pourquoi. C'est une mauvaise question.

Un jour, une femme est venue en consultation pour que je contacte son enfant. Elle était effondrée de chagrin, comme c'est souvent le cas en pareille circonstance. Mais ce jour-là, je ne reçus aucun message, rien du tout. C'est très rare que je ne perçoive rien. J'en étais désolé, d'autant qu'elle avait fait un très long chemin pour venir jusqu'à moi. Alors, juste après son départ, je m'adressai à mes guides, un peu contrarié. Pourquoi ? Et ils me répondirent : « cela ne te regarde pas » ! Puis, une idée me traversa l'esprit : peut-être que cette jeune femme, après avoir été en contact avec son enfant, aurait tout fait pour le rejoindre... Et de conclure que, si ce jour-là, je n'avais pas réussi à entrer en communication avec l'enfant, c'est qu'il y avait une raison. Et celle-ci ne m'appartient pas. Cela aussi, je l'ai accepté.

Cet échange de près de deux heures me réconcilia totalement avec le personnage, un peu ronchon de prime abord, mais jovial aussi. J'avais retrouvé celui que j'appréciais à travers ses écrits et ses vidéos : un bonhomme qui ne s'en laisse certes pas compter, sorte de panaché entre l'ours et le nounours, s'exprimant sans embarras ni détour, mais avec une grande gentillesse. À aucun moment, je n'avais senti la moindre surenchère, la plus petite exagération. Non. Reynald semblait vivre sa médiumnité avec bonhomie et surtout pas comme une fatalité. Et cela m'étonnait, aussi, car j'avais imaginé que le fait d'être connecté à l'au-delà s'apparentait forcément à un lourd fardeau.

Je lui demandai alors s'il n'avait pas peur parfois des forces invisibles maléfiques, de certains fantômes ou d'esprits frappeurs. Il se mit à rire.

— Il y a une légende qui court sur la protection des guides, tout ça... Moi, je ne pratique pas. Peut-être que cela existe, mais en ce qui me concerne, je n'ai jamais été confronté à un mauvais esprit ou à quelque chose du genre. Je n'y crois pas. Je ne crois pas aux esprits maléfiques.

Par contre, je n'aime pas être pris au dépourvu par un esprit, surtout le soir, quand je me retrouve seul dans ma grande maison. Il m'est arrivé d'avoir peur ou de sursauter à la vue d'entités qui se promenaient chez moi. Ce n'est vraiment pas agréable, je vous l'assure. Des fois, j'entends des bruits provenant de pièces vides : je n'aime vraiment pas ça. J'implore alors l'Univers de me laisser tranquille. Je n'aime vraiment pas être dérangé !

— Avez-vous un doute sur la mort, sur la médiumnité ?

— Non, aucun. Je n'ai pas peur de la mort, en elle-même, et je n'ai aucun doute sur la médiumnité. Mais il y a une chose

qu'il faut garder à l'esprit : ce que l'on entend, ce que l'on reçoit, notre cerveau se l'approprie et le retransmet avec ses mots à lui. Par conséquent, il est possible, et même probable, qu'il déforme les choses, qu'il les interprète avec ses filtres à lui. Vous comprenez ? Je ne peux pas affirmer que ce que je ressens est la vérité absolue : c'est ma vérité, celle que je perçois et restitue. Mais je n'ai aucun doute quant à sa réalité.

— On interprète toujours, c'est ça ?

— Oui, on interprète forcément. Par exemple, il m'est arrivé d'entendre de la musique, là-haut, de la musique céleste. Mais je ne peux prétendre avoir reconnu les instruments. J'ai discerné de la couleur aussi, dans les tons roses, mais ce n'était pas véritablement du rose. Si je dois retranscrire cela, il me faut me rapprocher de choses que mon cerveau connaît. Mais c'est une traduction par analogie, une manière de se représenter matériellement ce qui n'est qu'une perception sensorielle.

Reynald exprimait une idée que j'avais déjà entendue, dans la bouche de Vannina par exemple : la vérité de celui qui reçoit ne peut se définir que par l'expérience individuelle. Les perceptions médiumniques des uns et des autres doivent être considérées pour ce qu'elles sont réellement : des ressentis, accompagnés de voix ou d'images. Chacun capte des messages singuliers et vit une expérience qui lui est propre.

Pour quelqu'un comme moi, avec un canal médiumnique résolument fermé, l'absence de preuve irréfutable est source d'incertitudes. C'est vrai : comment se raccrocher à une vérité, si celle-ci est multiple et soumise à interprétation ? Comment éliminer le doute, si chacun perçoit les choses à sa manière ? Certes, j'étais convaincu de l'existence d'une sorte de prolongation après le trépas du corps, mais pas encore totalement rassuré quant à la forme que cette suite pouvait prendre.

Je réalisais alors que la création de cette chaîne participait aussi d'une certaine thérapie, me concernant. En allant à la rencontre de tous ces médiums, je réconfortais une petite parcelle de mon âme, la plus incrédule de toutes. Surtout, j'allais au contact direct de l'information, à la source, ne me contentant pas de simples lectures. Non. J'enquêtais. Et il me fallait me confronter à tous ces médiums, pour mettre leurs dires à l'épreuve. Car c'est en conversant que l'on éprouve le mieux la sincérité des cœurs.

Comme pour beaucoup de gens, le confinement fut également une période d'intenses lectures. On avait tous tant de temps à tuer ! Et je peux vous confier que parmi tous les livres qui m'ont à cette époque marqué, et même bouleversé, celui d'Aline Peugeot tient sans nul doute le haut du panier. Peut-être parce qu'il parle de résilience et fait ainsi écho à mon propre chagrin. Plus sûrement, parce qu'il témoigne de toute la puissance du cœur face aux pires moments de l'existence. Oui, son livre est émouvant, car les situations les plus improbables, les plus dures, s'enchaînent au fil des pages de manière implacable, comme si son auteur avait été maudit une bonne partie de sa vie, et ne devait sa survie qu'à une force incroyable, presque surhumaine. Et pourtant, cette belle femme au regard bleu intense, et aux commissures des paupières rieuses, ne semblait pas être un extra-terrestre. Non, devant l'écran, elle exprimait une telle sérénité que j'en étais troublé. Et je me demandais : comment la souffrance pouvait-elle habiller les traits d'autant de bonté ?

Cette interview est à jamais gravée dans ma mémoire. Elle ne contient pourtant pas de révélation extraordinaire sur l'au-delà ou la médiumnité. Elle parle de nous, de ce que l'on possède bien enfoui à l'intérieur ; et de la manière dont on peut s'en servir pour embraser sa vie d'amour et de lumière. Cette interview fut un moment magique, un instant de bonheur, inoubliable !

Comme précédemment, Dominique Vallée joua l'entremetteuse. Mais il n'y eut pas de quiproquo cette fois-ci, Aline manifestant d'emblée un réel enthousiasme pour l'invitation. Et je me retrouvai donc, quelques jours plus tard, particulièrement intimidé – je dois l'avouer – assis face à cette grande et belle âme au regard pénétrant, aussi opiniâtre que bienveillant. Pour comprendre ce que je ressentais alors, il me faut vous livrer un rapide résumé de ce que fut la vie d'Aline Peugeot. Enfant de la DDASS, abandonnée à l'âge de 2 ans par une mère instable et alcoolique, adoptée à l'âge de 5 ans par une des grandes familles de la bourgeoisie française, héritière d'Henri Peugeot, Aline a grandi déracinée et sans amour, animée d'une haine ravageuse, qui lui fera successivement côtoyer l'alcoolisme, l'errance, la prostitution, la poussant souvent dans les bras d'une violence autodestructrice. Aline pensera ainsi plusieurs fois au suicide, avant de ressusciter intérieurement, à l'aube de ses 50 ans, redécouvrant en elle des facultés médiumniques qu'enfant, elle avait enfouies au plus profond de son âme. Touchée par la grâce, Aline sut laisser tomber la cuirasse du guerrier amer qui l'habitait, pour épouser la plénitude du sage. C'est cette transformation que relate son livre : 50 années de combats, de chutes et de souffrances ; et à la fin, une merveilleuse renaissance, pleine d'amour et de compassion, pour elle-même et pour les autres.

J'avais hâte de m'entretenir avec Aline, de lui demander ce qu'elle pensait de la destinée, du libre-arbitre, de la résilience.

— Aline, j'ai dévoré votre ouvrage, et je me demandais en le lisant si le fait de vous raconter, de retracer tout ce long cheminement d'épreuves, participait d'une certaine manière à votre reconstruction ?

— Non, au contraire, cela a été assez difficile pour moi de me replonger dans ces souvenirs-là. J'ai rédigé ce livre pour partager ma renaissance, pour que ceux qui en éprouvent le besoin puissent s'en inspirer. Mais ce fut un exercice pénible, car j'ai eu du mal à coller à la peau de ce personnage que j'avais été. Je me remémorais la douleur de toutes ces déceptions qui jalonnaient ma vie. Vous savez : j'ai passé mes cinquante premières années à courir derrière l'espérance et sans cesse, j'ai chuté, meurtrie jusque dans mon âme. C'est un ressenti épuisant, lorsque la désillusion suit systématiquement l'espoir. On finit par perdre l'envie.

— Si vous deviez recommencer ?

— Oh, je suivrais le même parcours, c'est sûr ! Le chemin a l'air terrifiant ; il l'a été. Je me suis retrouvée sans force, à ne plus avoir envie de me relever. Mais paradoxalement, c'est quand on se découvre au fond du gouffre, à genoux, et que l'on dépose les armes, et avec elles, nos attentes, nos chimères, nos fards, que l'on accède à une profondeur inconnue, une énergie qui nous définit et que l'on ignorait jusqu'alors. C'est un moment d'abandon : on ne cherche plus à combler nos manques, mais simplement à se regarder pour comprendre. On prend conscience de soi, on s'accepte, entamant ainsi la longue réparation de tout ce que l'on a méthodiquement cassé au fond de notre être. La résilience s'appuie sur notre

acceptation des événements, sur l'idée que l'on ne doit pas chercher à les changer. De toute façon, on est impuissant face aux aléas. Notre vrai pouvoir tient dans la maîtrise de leur impact sur nos existences. Il faut alors cesser de se comporter comme un enfant capricieux, qui trépigne en exigeant que les faits soient différents.

— Pensez-vous que le destin de chacun est tracé à l'avance ?

— C'est une question délicate. Nous sommes sur Terre pour expérimenter la vie sous toutes ses coutures ; et je pense qu'il nous faut examiner le Bien et le Mal pour que notre libre-arbitre puisse s'exprimer. Bien sûr, les grandes lignes sont inscrites à notre naissance. La route que l'on doit suivre est déjà dessinée, avec ses épreuves à surmonter. Mais c'est à nous de la parcourir : nous conservons le libre-arbitre, y compris, je pense, celui de louvoyer en chemin.

— Comment la spiritualité s'est-elle imposée à vous, sur ce chemin si tortueux ?

— Imposé, le terme est juste ! Au départ, il s'agit d'un mot, « spiritualité », un simple mot qui m'a envahie, alors que je me sentais perdue. Je ne savais pas ce qu'il exprimait. J'ai cherché sur Internet sa définition. Et par flemme de lire, ou parce que je n'attendais plus rien de ma vie, j'ai plutôt regardé les images se référant au mot, et suis tombé sur des représentations de peuples amérindiens, de tipis et de plumes. Et là, du fond de ma mémoire, ont émergé des souvenirs d'enfance, lorsque gamine, j'aimais me réfugier dans mon tipi. C'est comme si une partie de moi ressurgissait de nulle part, comme si je me reconnectais avec la petite fille que j'avais oubliée. Et ces images m'ont apaisée. Plus je les regardais, plus je prenais conscience de la sagesse de ces peuples, de leur harmonie avec la nature, de leur amour pour l'humain et pour la vie. Je me laissais porter par ces sentiments, qui réveillaient en moi quelque chose d'inouï. Et alors que je ne lisais pas, que je ne m'intéressais à rien, je devins insatiable, dévorant livre

après livre, prise d'une réelle frénésie pour la compréhension des mystères de l'âme. C'est à cette période que j'ai compris une chose capitale me concernant : à force d'avoir été rejetée tout au long de ma vie, j'avais perdu confiance dans le monde extérieur. Et se faisant, je m'étais recentrée sur mon moi intérieur, dialoguant souvent avec cette petite voix qui me servait de confidente et d'amie. Je ne croyais plus aux mots ni aux gestes, je ne faisais confiance qu'aux informations que je percevais derrière les apparences. Je n'en n'avais pas conscience, mais j'avais naturellement appris à canaliser l'information qui est. J'avais développé des capacités médiumniques sans le savoir. Car c'est à cet endroit que se trouve le médium, dans cette capacité à se connecter avec son âme, sans se poser de question, c'est-à-dire sans laisser le cerveau intervenir.

J'admis ma différence et me mis à étudier les états de conscience modifiée et tout ce qui se rapportait à la médiumnité. Il me fallait apprendre à maîtriser cette faculté spéciale, à discerner cette petite sensation à peine perceptible, qui vous met en phase avec la vérité des choses. C'est comme une petite pirouette à l'intérieur, une petite modification de fréquence, qui nous plonge dans une autre dimension, où l'information est. Je ne sais pas comment l'expliquer différemment.

— Aviez-vous des prémisses de cette médiumnité quand vous étiez plus jeune ?

— Beaucoup, oui. Petite, je remarquais des choses que les autres ne voyaient pas. Je connaissais intuitivement des informations sur certaines personnes de mon entourage. Mais en grandissant, j'ai rejeté tout cela. C'était toujours présent, mais je n'écoutais pas. Je préférais l'expérimentation ; et surtout, mon esprit rebelle me poussait à choisir les solutions les plus ardues, les moins sages. J'ai grandi comme ça. Mais je dois vous dire que souffrir n'est pas utile en soi. Notre entêtement à rechercher à l'extérieur nos besoins fait souffrir, alors que les solutions à nos manques se trouvent à l'intérieur de nous. C'est

cette gymnastique qui est utile, en réalité. Il faut apprendre à s'observer et à décortiquer nos habitudes, nos passions, nos choix, pour identifier la cause de nos embarras, tous ces traumatismes qui sont souvent le fait des autres, l'attente de nos parents ou de nos proches, la somme de nos conditionnements. Et puis, il faut aussi apprendre à ressentir la justesse d'une information. Vous savez, quand la vibration est agréable, l'information est juste. Lorsque cela sonne faux, quel que soit l'emballage, l'information est erronée. Et tout le monde peut ressentir cela, en toutes circonstances. Les animaux le peuvent sans doute plus naturellement – ils perçoivent le danger avant de le voir – mais l'humain n'est pas dépourvu d'instinct. Or, l'instinct ne ment pas. Il s'adapte à chaque instant, ne décrète rien, ne blâme pas : il sent seulement ce qui est. C'est en cela que réside l'éveil que tant de gens recherchent : c'est un état de conscience.

— C'est un chemin que l'on parcourt seul ?

— Oui, le travail n'est possible que seul, face à soi. Il faut en avoir envie et oser aller à la rencontre de soi. Lorsque l'on admet être responsable de ce qui nous arrive, on réalise qu'on est la seule personne qui peut réparer les dégâts. Aucune autre parole ne peut véritablement opérer en vous ce miracle, si vous ne vous l'appropriez pas. C'est à vous qu'il appartient de défaire vos liens.

— Vous étiez tout de même aidée par l'au-delà, non ?

— Oui, je me suis sentie en permanence accompagnée, aimée, soutenue, encouragée, même durant mes moments de doute. J'ai plusieurs fois demandé des preuves, vous savez : de véritables gages d'authenticité. Je m'adressais au ciel en m'écriant : « c'est bien gentil tout ça, mais moi, il m'en faut plus. Je suis incarnée. Je suis humaine. Et nous, sur Terre, on a besoin de choses concrètes. On ne peut croire que ce que l'on voit. » Et alors j'exigeais, je faisais ma capricieuse, je menaçais de tout lâcher. J'allais ainsi jusqu'à la provocation,

parce que j'étais encore dans la douleur. Eh bien, croyez-moi : avec gentillesse, ils m'ont offert ce que je demandais, les fameuses confirmations. Oui, à plusieurs reprises. Je vous assure : je ne suis pas perchée. Je ne suis pas schizophrène. J'ai eu mes preuves. Un jour, j'ai même osé réclamer à voir un ange gardien. Je leur ai dit : « puisque cela existe, je veux en voir un ! ». J'imaginais un beau gars, torse nu, avec de grandes ailes. Trois jours passèrent. Un matin, très tôt, je suis réveillée par un chérubin, qui m'observait, au pied de mon lit. Il était bien réel, presque fait de chair et d'os. Je me frotte les yeux, stupéfaite, me pince pour être sûre de ne pas rêver. Mais non, il était bien là, au bout de mon lit. Je me redresse et il disparaît. Je peux vous assurer que la vision m'a grandement perturbée. Le ciel m'avait envoyé un symbole, censé me correspondre, moi qui jadis avais collectionné des petits chérubins en porcelaine. Ce matin-là, je déposais définitivement les armes, promettant de ne plus importuner l'au-delà.

— Depuis, vous avez développé vos capacités médiumniques. Comment cela se traduit-il concrètement ?

— L'information surgit dans ma tête, comme par télépathie. Les mots apparaissent au fur et à mesure que je parle ou que j'écris, de manière presque simultanée. C'est assez curieux. Il m'arrive aussi de voir des entités, plutôt nébuleuses, épousant une silhouette humaine. Et à mes pieds, j'aperçois parfois des ombres noires, en boule, qui passent furtivement. Avec l'expérience, j'ai acquis la certitude qu'il s'agit d'égrégores formés par les mauvaises pensées des gens, la jalousie ou la haine ; car, à la différence des défunts, ces boules noires ne renferment pas d'identité spécifique. Ce ne sont que des sensations, sans âme.

Lorsque je travaille en consultation, je demande une photographie récente de la personne. Je ne veux pas en savoir davantage sur elle, car les informations acquises brouillent l'intuition, tout comme les émotions qu'elles expriment. Je me concentre sur l'image, et me connecte aux énergies qui émanent de cette personne, recevant alors des données sur son passé, son présent, son futur : des données concernant surtout son entourage. Au début, j'avais peur de ce que je transmettais. Je ne voulais communiquer qu'avec une messagerie en ligne, sans vidéo. J'étais terrorisée. Je recevais les informations en continu, dans ma tête, et j'écrivais. Je ne retenais rien : ce sont mes doigts qui écrivaient. Je me disais : « oh là là, qu'est-ce tu racontes ! » J'attendais la réaction... Avec le temps, j'ai pris confiance...

Aline parlait avec enthousiasme, dégageant une force de caractère que j'avais ressentie en lisant son ouvrage. Elle demeurait la guerrière qui m'avait impressionné, même si elle apparaissait aujourd'hui apaisée et sereine. Je ne pouvais alors m'empêcher de m'interroger sur le pourquoi des épreuves que chacun de nous rencontre sur son parcours. S'agissait-il réellement d'un chemin tracé à l'avance ? Avait-elle été enfant de la DDASS pour expérimenter le manque d'affection ? Marie-Paule était-elle réellement partie pour me pousser vers la spiritualité ? Je n'avais pas de réponse, évidemment.

En revanche, je trouvais dans le récit d'Aline des points qui faisaient écho à ma propre histoire : la manière dont les événements nous avaient, à tous deux, imposé subrepticement la voie de la spiritualité. Bien sûr, chez Aline, le travail avait été intime. L'instant déclencheur s'était matérialisé par un mot qui a résonné dans sa tête, l'obligeant à s'interroger sur la spiritualité. Alors que chez moi, ce sont les rencontres qui m'ont poussé à me questionner. Mais il y eut ensuite toutes ces synchronicités, ces petites aides discrètes mais indiscutables, puis ces preuves irréfutables, presque sur demande. Elle avait vu un chérubin : ce n'est pas rien ! Moi, j'avais eu ces messages de Marie-Paule, tout aussi sensationnels dans leur authenticité. Ce n'était pas du hasard. Rien ne semblait d'ailleurs s'apparenter à de la simple coïncidence...

Je demandais à Aline si elle avait un dernier message à transmettre. Avec ardeur, elle répondit :

> — *J'espère avoir été suffisamment explicite, ce soir, pour que tout un chacun puisse comprendre que le bonheur réside en chacun de nous. Il ne faut pas se laisser manipuler par autrui, ni épouser la docilité. Notre perception des choses est légitime. N'espérons pas une quelconque validation extérieure : nul n'en a réellement besoin. Apprenons à écouter notre voix intérieure. Elle sait ce qui est bon pour nous. Elle connaît notre chemin, ce dont notre âme a besoin. C'est le plus important.*

Incroyable n'est-ce pas ? Cette souffrance endurée qui mène à l'apaisement, à la sagesse, à une véritable libération. Cela me touche profondément, me fait réfléchir sur ma propre expérience. Vous savez : perdre un être cher est une terrible épreuve, surtout lorsque vous n'êtes absolument pas préparés à vivre un tel chagrin. Avec le recul, j'ai le sentiment que seules deux attitudes m'étaient possibles : me noyer dans mes larmes ou redresser la tête hors de l'eau. Je ne conçois pas d'entre-deux. Et donc, quoi qu'on en dise, le chemin est avant tout intérieur. Il faut accepter les choses, ne pas se bloquer. La colère est compréhensible : elle aide à évacuer la douleur, mais elle n'est pas constructive ; la résignation non plus, car elle éteint la joie... Mon Dieu, comme c'est dur d'accepter !

J'ai eu beaucoup de chance, en réalité, parce que tous ces gens qui sont venus à moi m'ont soutenu de la meilleure des manières. Rendez-vous compte, j'ai pu dialoguer avec Marie-Paule quelques jours à peine après son départ : quel merveilleux cadeau ! Le deuil est bien plus facile dans ces conditions. Et de prendre alors conscience que ma chaîne YouTube participe aussi de cette même démarche : rendre aux autres ce magnifique présent que la vie m'a octroyé. Oui, aider les autres à faire leur deuil : quelle belle et noble offrande ! Je n'y avais pas pensé au début. Je ne songeais qu'à me rassurer. Mais ce faisant, je concourais aussi à réconforter tous ceux qui en avaient besoin…

Avant de clore ce chapitre, je voudrais revenir sur cette histoire d'ange qu'aurait aperçu Aline au chevet de son lit. Vous en conviendrez : surprendre un chérubin vous observer en train de vous réveiller n'est pas chose coutumière ! Et il me faut vous avouer qu'à cette époque, je ne croyais pas à l'existence des anges. Je n'y crois toujours pas d'ailleurs, en tout cas sous cette forme d'être ailé. Alors, comment expliquer une telle vision ? Je pense qu'il s'agit d'une manière, pour Aline, de mettre une forme tangible sur quelque chose qui ne l'est pas, comme une énergie ou une vibration. C'est son cerveau qui traduit une perception en un objet matériel. Je dis cela, aujourd'hui, parce que bien des médiums ont insisté sur notre faculté à créer des images pour habiller nos perceptions. Souvenez-vous de ce que disait Reynald Roussel : « *le cerveau interprète les ressentis, les traduit en des caractères compréhensibles* ». Mais cela ne signifie pas qu'il n'y avait rien au pied du lit d'Aline. Non, certainement pas : une énergie bienveillante y était bien présente.

Mon opinion sur les anges a d'ailleurs profondément évolué depuis cette interview. La faute en incombe à Pierre Jovanovic, auteur d'un best-seller justement intitulé *Enquête sur l'existence des anges gardiens*.

Pierre n'est pas médium, mais il lui est arrivé une bien surprenante aventure, qui l'a décidé à mener son enquête sur ces « coups de pouce » du Ciel, qui parfois sauvent des vies. Oui, Pierre doit la vie à un phénomène des plus étranges : un véritable miracle ! Cela se passait à la fin des années 1980. Pierre, jeune journaliste, regagnait San Francisco, à bord d'une voiture conduite par une collègue. Soudain, le temps se figea : les voitures, les camions, tout le paysage. Seul un petit objet brillant fonçait en direction du pare-brise, face à Pierre. Il le vit grossir, puis traverser le pare-brise, alors que dans un ultime réflexe, il se couchait vers la conductrice, évitant ainsi de justesse le projectile, qui termina sa course dans l'appui-tête. La voiture stoppa, le pare-brise entièrement fissuré en étoile. Pierre en sortit, éberlué. Dans sa tête, les événements se bousculaient : que s'était-il passé ? Il le saura quelque temps plus tard, lorsque la police extraira une balle de cet appui-tête : un vrai miracle lui avait sauvé la vie. Comment qualifier ce temps qui soudain ralentit, jusqu'à offrir la possibilité d'éviter une balle qui vient de face ? Pierre en est persuadé : il a bénéficié ce jour-là d'une aide surnaturelle.

Il faut alors que je vous raconte une anecdote plutôt insolite, une petite aventure survenue la veille de l'interview avec Pierre. Je faisais alors un petit footing autour de la place Miot à Ajaccio, le casque sur les oreilles, en train d'écouter une version audio de ce fameux livre sur les anges gardiens, afin de préparer l'entretien à venir. Et je me disais que ces histoires d'anges étaient vraiment très étranges, pour ne pas dire incroyables. Le doute était d'autant plus légitime que ces créatures surnaturelles semblaient intervenir de manière très aléatoire, sauvant quelques-uns, laissant tous les autres trépasser. Bref, j'étais toujours sceptique quant à la réalité de telles interventions divines... Soudain, une voiture entreprend de traverser le terre-plein de la place, qui sert habituellement de terrain de boules. Je me vois contraint d'arrêter ma course et de laisser passer le véhicule, tout en maugréant contre l'intrusion de cet engin dans un lieu dédié aux joggeurs et aux boulistes. Mais au moment de reprendre ma foulée, voilà que je trébuche, mon pied s'étant empêtré dans un câble, qui saillait du sol, juste à cet endroit. Et de réaliser que sans l'étrange comportement de ce véhicule, je n'aurais pas ralenti ma course et aurais eu droit à un mémorable vol plané !

Qui sait ? Mon ange gardien m'a peut-être adressé un signe ce jour-là !

CHAPITRE 4

Les guérisseurs de l'invisible

Comme je vous l'ai déjà dit, j'ai profité de mes longues journées de confinement pour lire, désireux de tout connaître de ce qui s'ouvrait à moi. Et parmi toutes ces belles lectures, un livre retint mon attention : un témoignage traitant de la connexion aux mondes invisibles, mais selon un angle résolument scientifique, exprimant même l'idée que tout le monde pourrait s'y connecter en suivant certains protocoles spécifiques, tout en restant prudent. C'était passionnant ! Son auteure, Martine Gercault, n'est pas médium, mais psychanalyste. Et cela ne l'a pas empêchée de multiplier les expériences chamaniques, en utilisant justement ces fameux protocoles qui semblent pour ainsi dire magiques. J'étais impatient d'en savoir davantage !

Une fois de plus, Dominique Vallée se chargea de nous mettre en contact. Début juin 2020, je me retrouvai donc devant cette éminente psychanalyste française au vécu incroyable. J'étais très impressionné. Pour tout vous dire, j'avais même passé des heures à réviser les grands thèmes de la psychanalyse, de peur de paraître trop ignare à l'évocation des travaux de Freud ou de certains concepts relatifs à l'inconscient. Fort heureusement, mes craintes se dissipèrent rapidement, car Martine parlait fort simplement de toutes ces choses complexes. Surtout, ce n'était pas la théorie qui portait son discours, mais ses propres expériences. Et cela habillait ses propos d'une indéniable authenticité. Je débutais alors l'interview en lui demandant la raison qui l'avait poussée à explorer des chemins non-conventionnels, très éloignés de l'idée que l'on se fait habituellement de la psychanalyse ou de la psychologie.

— Il n'y a pas de hasard, me dit-elle, il n'y a que des rendez-vous. J'ai eu la chance, après une dizaine d'années de pratique, de rencontrer Stanislav Grof, psychiatre et psychanalyste américain, un des créateurs de la psychologie transpersonnelle. À l'époque, je collaborais avec l'association « IANDS », qui accompagnait les personnes ayant vécu une expérience de mort imminente et j'étais déjà convaincue de l'existence de mondes invisibles. Quant à Grof, il travaillait autour des états modifiés de conscience, à partir notamment d'une méthode : la respiration holotropique. C'était pour moi fascinant d'observer la puissance incroyable du souffle, alimentée par une respiration ventrale, hyperventilée et profonde, qui, accompagnée d'une musique inductive, facilite l'entrée dans une réalité élargie, où sont enkystées de nombreuses mémoires. Je veux parler des souvenirs refoulés, parce que trop douloureux, mais aussi des mémoires périnatales, liées à la conception et à la grossesse. En ce qui me concerne, cette approche hautement transformatrice m'a permis de vaincre certains blocages, d'aborder des strates de moi-même jamais visitées en thérapie verbale. Au travers de ces expériences, j'ai pu authentifier la réalité des sorties hors du corps, corroborant les dires de ceux qui avaient vécu une expérience de mort imminente ou de ceux qui pratiquaient le voyage astral. Mais j'ai toujours conservé une approche scientifique et rigoureuse des phénomènes.

Pour moi, ces méthodes offrent de nouvelles perspectives d'investigation, soulignant le potentiel de guérison des états modifiés de conscience. Elles sont utiles à la psychanalyste que je suis, à des fins thérapeutiques ; même si je perçois, bien sûr, les peurs de confrères cliniciens plus classiques qui craignent l'expérimentation en dehors des sentiers battus. C'est du reste pour cette raison que j'ai refusé d'enseigner, à un moment donné de ma vie, préférant m'exiler aux États-Unis où je pouvais suivre une formation plus diversifiée. Je pense sincèrement que seul un long travail sur soi permet au psychothérapeute de se libérer de ses chaînes ; et du coup, de pouvoir à son tour aider les autres. On ne peut pas emmener le patient sur des terres inconnues et inexplorées. L'expérimentation est véritablement au cœur de ma démarche.

— Justement, Martine, quels sont les états de conscience auxquels on accède avec cette méthode de respiration holotropique ?

— Il me faut attirer l'attention sur le fait que cette technique ne doit jamais être pratiquée seul, sans l'aide d'un psychothérapeute expérimenté, car on peut entrer dans un état très archaïque, très régressé, et avoir besoin d'une aide thérapeutique pour revenir dans cette réalité-ci. La respiration holotropique peut donner des résultats similaires à ceux obtenus sous LSD, par exemple. C'est-à-dire que le patient se retrouve immergé dans une réalité extraneuronale, dans un champ d'informations quantiques non censuré par les barrières du mental. Je vais prendre un exemple pour bien illustrer les possibilités de ces expériences. Je me souviens d'un homme qui était toujours très dépressif. Lors d'une séance avec Stanislav Grof, il a revécu deux traumatismes liés à sa vie intra-utérine : deux tentatives d'avortement à l'aiguille à tricoter. Cela se passait juste après la guerre et sa mère, qui fréquentait alors deux hommes, ne voulait pas conserver l'enfant qu'elle portait. Ces deux tentatives échouèrent ; et l'enfant naquit. De retour en

France, parce que la séance se déroulait aux États-Unis, cet homme est allé voir sa mère pour confronter son expérience avec la réalité. Celle-ci s'est effondrée en larmes en lui avouant la double tentative d'avortement. Vous voyez : le traumatisme était ancré en lui et expliquait non seulement sa personnalité dépressive mais aussi les relations conflictuelles qu'il entretenait avec sa mère depuis son enfance.

L'état holotropique est un état de conscience élargie, induit par une respiration rapide et des musiques de transe, sans consommation de plante psychotropique. D'autres expériences chamaniques utilisent des plantes maîtresses, souvent très toxiques, et le rythme du tambour, pour plonger les participants dans des états seconds, permettant d'accéder à des consciences élargies. Elles aussi font ressurgir des traumatismes enfouis, ouvrant également les portes d'un monde énergétique, où l'on peut rencontrer ses guides. Il me faut toutefois prévenir nos auditeurs : toutes ces méthodes comportent de très nombreuses contre-indications et impliquent un état psychique stable.

Comme j'avais lu son ouvrage, je savais que Martine avait pratiquement tout essayé, tout expérimenté sur elle-même, avant de modifier le cadre de ses interventions psychothérapeutiques. Elle s'était maintes fois connectée au monde invisible, mais sa vision différait de celle des médiums précédents. Martine n'est jamais entrée en communication directe avec des défunts ou des anges gardiens. Toutefois, dans le cadre de son travail psycho-chamanique, elle dit pouvoir travailler avec des « présences ». Elle évoque surtout une communion avec son âme et la partie énergétique de son Soi supérieur. En cela, son expérience n'est pas très éloignée de celle d'Aline Peugeot, lorsqu'elle nous parle de cette vérité intérieure, bien ancrée en chacun de nous. Mais Martine ne situe pas cette voix uniquement au plus profond de notre être. Elle soutient l'idée d'une conscience qui se situerait à la fois à l'intérieur et à l'extérieur de nous, dans ce monde et dans d'autres plans, en même temps.

À ce moment du chemin, je prenais donc conscience que les relations entre les vivants et les morts étaient probablement bien plus complexes que je ne l'avais jusqu'alors supposé. J'avais totalement accepté l'idée qu'une partie de nous survivait à la mort du corps biologique. Marie-Paule, *via* différents médiums, m'avait même démontré que cette partie de nous conservait la mémoire affective de notre existence terrestre, et pouvait même intervenir auprès de nos proches, restés sur Terre. Mais je m'étais imaginé que cette partie immatérielle – que l'on pourrait nommer âme – se trouvait à l'intérieur de notre enveloppe charnelle durant notre vie physique. Or rien ne l'indiquait, en réalité. Nous étions peut-être des êtres multidimensionnels, vivant ici et ailleurs en même temps. C'était en tout cas l'hypothèse défendue par Martine.

Ceux qui s'intéressent aux différentes théories relatives à la création de l'Univers s'apercevront sûrement que cette hypothèse s'accorde parfaitement avec celles qui prônent l'existence d'un Univers multiple. Certains physiciens affirment en effet que le monde que l'on observe n'est que la matérialisation, à une fréquence donnée, d'un multi-univers énergétique, c'est-à-dire d'un mille-feuille de plans énergétiques superposés. Ils défendent alors l'idée, fort séduisante, que notre existence matérielle ne serait que la projection d'une énergie présente à travers tous les plans. Autrement dit, nous existons, simultanément, à travers tous ces univers multiples. Notre âme serait en conséquence immortelle, parce que l'énergie qui la compose ne pourrait pas se perdre en totalité, partout en même temps. À la mort du corps physique, elle quitte l'état matériel, mais continue d'exister sous sa forme énergétique, dans tous les autres plans. N'oubliez pas l'axiome : « *rien ne se perd, tout se transforme* » !

Selon cette hypothèse, ceux qui vivent une expérience hors de leur corps physique – une EMI par exemple – n'en seraient pas ainsi expulsés, au sens strict du terme, mais auraient accès à une conscience élargie, en changeant tout simplement de fréquence, c'est-à-dire en quittant la fréquence terrestre pour celle d'un autre plan.

Alors, pourquoi cette hypothèse est-elle intéressante ? Parce qu'elle pose d'emblée la question de la localisation de la conscience, mais aussi de ce que l'on nomme l'inconscient, le surmoi et le ça.

Selon Freud, notre perception de la réalité, c'est-à-dire le « conscient », ne représente qu'une petite partie de notre personnalité. Freud utilise d'ailleurs l'analogie de l'iceberg pour illustrer son propos : la partie émergée et visible, soit moins d'un dixième de la masse de l'iceberg, symbolisant le « conscient ». Tout le reste relève donc du « préconscient » et surtout de l'« inconscient ». Ce père de la psychanalyse a développé toute une théorie sur le rôle des normes et des pulsions dans la définition de ce qu'il nomme le « Moi ». Je ne vais pas entrer, ici, dans les détails de sa conception du fonctionnement de notre inconscient. En revanche, Freud a toujours considéré que tous ces éléments étaient le produit de notre cerveau. Or, une telle affirmation n'a jamais été vérifiée. Aujourd'hui encore, l'hypothèse d'une conscience localisée dans le cerveau n'est ni infirmée, ni confirmée. Par extension, il en va de même pour tout ce qui concerne l'inconscient. Vous voyez à présent où je veux en venir : la petite voix intérieure – celle de notre âme – est-elle véritablement localisée à l'intérieur de notre corps ? Si ce n'est pas le cas, est-il possible de s'y connecter en modulant notre fréquence de plan ? Le secret des médiums ou des chamanes ne résiderait-il pas, justement, dans cette faculté à changer de fréquence ?

Ces questions sont loin d'être anodines, en réalité. Mais je dois avouer que je ne les avais jamais formulées en ces termes avant de rencontrer Martine et de consulter son ouvrage. J'avais jusqu'alors considéré que les médiums entraient en communication avec des forces de l'au-delà, des énergies appartenant à des défunts, des anges gardiens, etc. Je concevais désormais la possibilité d'une connexion avec un soi-même énergétique…

Mais alors, l'ange gardien existe-t-il réellement ? N'est-il pas plutôt une part de nous-mêmes ? Lorsqu'Aline Peugeot prétendait avoir vu un chérubin au pied de son lit, qui était responsable de cette image ? La partie énergétique de son inconscient ? Une autre énergie ?

Sur le moment, j'ai été assez troublé par ces nouvelles considérations. Mais j'ai fini par admettre qu'elles ne changeaient pas fondamentalement la donne. Si mon âme existe à travers une multitude de plans, il en est de même pour toutes les âmes ; de sorte que cela ne rajoute en définitive qu'une possibilité supplémentaire, la connexion avec un Soi supérieur, sans pour autant amoindrir tout le reste. Je veux dire : cela ne remet pas en cause l'existence des âmes défuntes, ni notre capacité à entrer en contact avec elles. Et de conclure, provisoirement, que les messages de l'Univers empruntent sans doute différentes voies, ou devrais-je dire « voix » : parfois, c'est mon Moi supérieur qui s'adresse à moi, d'autres fois, c'est Marie-Paule. Et peut-être même que Marie-Paule peut transmettre de l'information, via ma petite voix intérieure...

Quelque temps après, je recevais Natacha Calestrémé, à l'occasion de la publication de son best-seller, consacré aux protocoles énergétiques.

Natacha n'est pas médium. C'est une journaliste, auteure d'ouvrages et réalisatrice de documentaires pour la télévision, passionnée par tout ce qui se rapporte à l'au-delà, mais aussi aux soins énergétiques et au chamanisme. Et son ouvrage était le fruit d'une véritable enquête auprès de guérisseurs, magnétiseurs et autres « médecins de l'âme ». Certes, le propos diffère de celui des médiums ou des personnes ayant vécu une EMI, mais il rejoint les enseignements d'Aline Peugeot ou de Martine Gercault, se fondant ainsi dans une approche interdisciplinaire des mondes invisibles. Et cela me fascine tout autant. Car je suis intimement convaincu que toutes ces démarches sont comme les facettes d'un même ensemble, vaste et unifié. Oui. Si l'on croit Vannina, Reynald Roussel et tant d'autres, il y a foule dans l'au-delà : *a minima* un ange gardien, un guide spirituel et des guides familiaux, pour chacun d'entre nous. Cela fait du monde, j'en conviens. Tous les médiums nous disent que notre âme est connectée à ce monde invisible. Tous affirment qu'elle dialogue avec ses guides et que c'est par sa voix que l'on peut recevoir leur parole. Pour Martine Gercault, notre personnalité résultait d'une rivalité entre le mental et cette petite voix intérieure. Elle rejoignait en partie Freud, lorsqu'il énonçait que nos pulsions et les normes sociétales entraient en conflit dans notre inconscient ; et que c'était là l'origine de nos troubles psychiques. Mais était-ce réellement un combat entre pulsions et normes ? Ne s'agissait-il pas, plutôt, d'un antagonisme entre ce que voulait l'âme et ce qu'imposait l'esprit ? Les fameux troubles psychiques, ne seraient-ils pas liés à l'intransigeance d'un mental despote et autoritaire, gouverné par la peur et non l'amour ?

Toutes ces questions se bousculaient dans mon crâne, sans que je puisse réellement y répondre. Et voilà que le livre de Natacha Calestrémé pointait d'autres sources de traumatisme : l'humiliation, le rejet, l'abandon, l'injustice et la trahison, ce qu'elle nommait « nos blessures enfouies » ; cinq émotions majeures qui affectaient profondément notre personnalité*. Natacha offrait cependant des solutions : différents protocoles pour prendre conscience de ces traumatismes enfouis, pour les accepter et en guérir. Je m'étais laissé prendre au jeu et avais suivi les premiers protocoles, à la découverte de tous ces ressentis que j'avais cherché à cacher au fond de ma mémoire : quel choc, mes amis, comme une flèche décochée en plein cœur ! J'avais alors dévoré son livre et étais impatient de l'interroger sur une multitude de sujets ayant attrait à la force du mental, à l'âme et à sa connexion avec l'au-delà.

Il me faut préciser une chose : le parcours de Natacha ne peut pas me laisser indifférent, car à bien des égards, j'y décèle des signes qui me rappellent mon propre cheminement. Souvenez-vous : je vous ai dit qu'à un moment donné de ma vie, il m'avait semblé que l'Univers s'était

* Ce concept des « 5 blessures de l'âme » a été défini par le psychiatre américain John Pierrakos, puis porté à la connaissance du public dans un ouvrage de Lise Bourbeau.

ligué contre mes choix pour me contraindre à épouser la voie que j'embrasse actuellement. J'ai évoqué les échecs répétitifs, lorsque j'étais musicien, puis chroniqueur TV ; les épreuves aussi que j'ai dû affronter, à commencer par le deuil ; et enfin toutes les synchronicités qui m'ont recentré sur le chemin de la spiritualité. Comme je vous l'ai confié, je suis persuadé que le hasard n'existe pas et que tous ces événements, bons ou dramatiques, ont non seulement été bénéfiques, mais doivent être regardés comme les étapes d'une destinée tracée à l'avance. Attention, je n'affirme pas que toutes ces épreuves étaient prévues. Non. Le chemin était écrit et ce sont mes hésitations, mes propensions au vagabondage sur des sentiers de traverse, qui sont responsables de certaines expériences et parfois de souffrances. J'aurais probablement pu m'éviter quelques errances coupables. Aline Peugeot m'avait avoué la même chose, me confiant que s'il était possible de tout recommencer, elle utiliserait quelques raccourcis pour s'éviter d'inutiles pénitences. Mais on ne peut pas modifier le cours du temps ; et force est d'admettre que l'expérimentation, aussi dure soit-elle, renferme toujours sa part d'utilité.

Bref, je crois que notre vie est en partie orientée depuis l'au-delà. Natacha tenait, elle aussi, ce même discours. Elle avait été rudement affectée par un divorce, puis par le décès de sa petite sœur. Et ces deux événements avaient été suivis d'une inexplicable spirale négative, ponctuée d'échecs professionnels. Elle, qui jusqu'alors, enchaînait les contrats dans l'audiovisuel, en tant qu'auteure et réalisatrice, se retrouva sur le bord du chemin. Quatre ans de galère, d'incompréhension, durant lesquels tous ses projets tombèrent à l'eau, parfois de manière assez inexplicable. Et au bout de ce chemin tortueux, une double hernie discale qui la faisait horriblement souffrir malgré les médicaments. Elle avait alors cherché d'autres moyens de relever la tête en se penchant sur un savoir ancestral. Natacha retrouvait enfin sa route, sublimée… par l'expérience, et signait son premier best-seller.

Pour cette interview, nous avions décidé de focaliser l'attention sur les 22 protocoles qui constituent le corps de son ouvrage, *La Clé de votre énergie. 22 protocoles pour vous libérer émotionnellement**.

Je demandai alors à Natacha quelle était la source de ce savoir.

— Lorsque j'ai réalisé, avec Stéphane Alix, la série sur les enquêtes extraordinaires, j'ai été amenée à rencontrer et côtoyer des guérisseurs ou des chamanes, qui m'ont appris leurs rituels énergétiques que j'ai transformés en protocoles à mesure de nos échanges. Ce savoir représente dix ans de recherche et de passion pour le sujet. Mais la démarche s'inscrit dans un parcours de vie. Lorsque j'étais petite, mon grand-père, guérisseur, m'avait sensibilisée au monde de l'invisible. Il m'avait appris la technique pour ôter les brûlures. Ensuite, ma vie m'avait entraînée sur des chemins plus scientifiques. Je suis journaliste de formation et la science me rassure. Ce sont les épreuves qui m'ont ramenée vers la spiritualité. Si je n'avais pas été, à un moment donné, aussi mal en point, je n'aurais pas persévéré dans cette voie. Et je vais même aller plus loin : si certaines personnes ne m'avaient pas fait tant de mal, je n'aurais probablement pas travaillé sur le recouvrement d'âme ou sur le pardon, deux protocoles parmi les plus importants. D'une certaine manière, c'est grâce à ces personnes et à ces épreuves que je mène aujourd'hui une vie aussi formidable.

* Éditions Albin Michel, 2020.

Je formulai alors cette question récurrente qui me tient tant à cœur :

— Natacha, pensez-vous que tout est écrit à l'avance ? Quelle est votre vision du libre-arbitre ?
— Aucune épreuve n'est écrite à l'avance. En revanche, nous choisissons, en nous incarnant, un certain nombre de blessures. Et l'Univers s'arrange alors pour nous faire vivre ces blessures, de manière cyclique, jusqu'à ce que nous parvenions à les surmonter, à nous en libérer. C'est le choix de notre âme. C'est pour cela qu'il faut savoir se pardonner ; se pardonner de s'être infligé autant de challenges.
Mais nous ne sommes pas seuls. Nous avons des guides pour nous épauler dans nos tâches. Et il existe des protocoles pour requérir l'aide de nos guides, pour obtenir d'eux l'information nécessaire sur nos blessures à refermer, nos défis à surmonter.

Je me rappelai alors un passage du livre de Natacha où il était question de réincarnation. C'était l'histoire de James Leininger, un enfant de Louisiane, qui, à l'âge de 2 ans, fit part à ses parents d'un cauchemar récurrent, dans lequel il périssait, à l'intérieur du cockpit d'un avion en flamme. La science s'était penchée sur ce cas étrange, d'autant que l'enfant fut capable par la suite de fournir d'innombrables détails du drame : le nom de ses coéquipiers sur le porte-avions *Natoma*, l'heure et le lieu de la bataille qui lui coûta la vie. Or, tous ces éléments, dont certains étaient gardés confidentiels par la marine américaine, évoquaient l'aviateur James Huston, abattu en 1945, lors d'un raid aérien sur l'île d'Iwo Gima dans le Pacifique. De toute évidence, l'enfant se souvenait de sa vie antérieure. Il se rappelait également avoir choisi ses parents, un soir, dans un hôtel d'Hawaï aux murs roses. Or, ce détail correspondait lui aussi à un événement passé bien réel : une semaine de vacances au Pink Hôtel d'Hawaï, durant laquelle l'enfant fut conçu.

Natacha avait utilisé cet exemple pour soutenir l'affirmation selon laquelle l'âme qui s'incarne choisit sa famille. Elle décide du contexte et s'impose des expériences à vivre, pour progresser. C'est le fameux chemin d'âme que tous les médiums évoquent. J'en avais maintes fois entendu parler. Mais ce que je comprenais, à présent, c'est que les souffrances émotionnelles concernaient l'âme et non le mental. C'est l'âme qu'il convient de soigner pour que le mental et le corps aillent bien. Nous sommes énergie avant d'être matière. Nous sommes informations. Et tous ces champs énergétiques et ces vibrations, qui nous unissent aux plans cosmiques, forment ce qui nous donne existence ; et non la matière qui sert d'enveloppe, à une seule échelle terrestre qui plus est. Il est alors aisé de comprendre pourquoi les médecines énergétiques sont si performantes. Lorsqu'on agit uniquement sur la matière, on attache d'importance qu'à une infime partie de ce qui existe, niant 99 % de ce que l'on est, véritablement.

Je vous ai dit précédemment, j'ai été bouleversé en expérimentant les premiers protocoles énoncés par Natacha. Ils visent à faire rejaillir, du plus profond de notre mémoire, les blessures que l'on a enfouies. Ce sont parfois des événements assez anodins : tout est question de perception. Mais en ce qui me concerne, ces exercices ont ravivé en moi bien des souvenirs. J'en citerais juste un, pour illustrer le propos. J'avais cinq ans. Mes parents m'emmenèrent prétendument faire des courses comme à l'accoutumée. J'entrais avec eux dans un grand bâtiment glacé. Je me souviens encore de ces rangées de lits. Je ne comprenais pas où nous étions ; et ma surprise fut encore plus grande lorsque je dus m'allonger dans un lit. Qu'est-ce que je faisais là ? Pourquoi ces dames en blouse blanche ? Pourquoi n'étions-nous pas dans les habituels rayons des magasins ? Je ne comprenais pas. Je ne me souviens plus très bien des détails. Il y eut ce masque que l'on me colla sur le visage, cette horrible odeur d'éther à en vomir. Je suffoquais… En réalité, mes parents avaient voulu m'épargner la hantise d'une opération des végétations. Ils pensaient sûrement bien faire. Mais ils m'avaient menti. C'était pour moi une terrible trahison ; et je gardais au fond de mon cœur les séquelles de cette douloureuse expérience. Avec le recul, je sais que ce ne sont que les petites épreuves qui jalonnent notre vie. Mais aucune n'est anodine. Toutes laissent des traces qu'il convient de réparer. Quel que soit l'impact de ces souffrances internes, elles se traduisent toujours par des pertes d'énergie, de véritables plaies au niveau de notre âme.

Après l'interview, nous continuâmes à discuter avec Natacha de la puissance des 22 protocoles qu'elle a réunis. Elle me révéla les avoir tous testés, validant par l'expérience leur réelle efficience. Je lui confiai alors mes réticences face à la médecine occidentale, qui ne cherche qu'à traiter des symptômes, écartant du revers de la main toute cause qui ne serait pas matérielle, attachée à une plaie visible, une tumeur, quelque chose d'observable sous l'œil d'un microscope. Elle regrettait elle aussi lorsque seule une vision biologique et mécanique du corps était prise en compte, en omettant de considérer le poids des émotions sur nos vies.

Nous évoquâmes aussi l'épineuse question des soins à distance, certains protocoles pouvant être réalisés par téléphone ou vidéos interposées. C'est quelque chose d'assez incroyable quand on y songe, en contradiction totale avec une conception occidentale du soin. Et il me faut vous avouer être longtemps resté incrédule face à ce genre de pratiques, incapable d'imaginer que l'on puisse soigner un corps sans l'approcher. C'est mon côté cartésien : il me faut des preuves concrètes. Je veux bien croire, mais je dois toucher la réalité du doigt, à l'instar de saint Thomas. Il y a tant de charlatans, de vendeurs du rêve, qui vivent au crochet de candides innocents, que la suspicion m'apparaît un réflexe légitime !

Mais cette preuve je l'ai eue, le mois précédant mon entretien avec Natacha. Je recevais ce jour-là, par écrans interposés, Stéphanie Derenemesnil, médium et thérapeute énergétique. Et je l'écoutais donc révéler comment, avec l'aide de ses anges, elle travaillait la mémoire cellulaire du corps, en remplaçant des émotions négatives, imprimées dans les cellules, par d'autres plus positives. J'étais pour le moins perplexe. C'était la première fois qu'un médium me racontait une chose aussi insensée : Stéphanie soignait des patients grâce aux fluides que des anges lui adressaient depuis les confins de l'Univers ! De la pure science-fiction ! À la fin de l'interview, Stéphanie, enthousiaste, me proposa un soin énergétique. J'hésitais. Mais cela ne se refuse pas. J'acceptai donc, sans trop y croire. Elle m'annonça reprendre contact avec moi, ultérieurement. Cela tombait bien, car je devais monter au village pour m'aérer un peu l'esprit. Et donc, lorsque Stéphanie me rappela, quatre ou cinq jours plus tard, j'étais serein, loin de la ville et de ses nuisances. Elle me demanda de m'allonger sur un divan et de laisser mon esprit vagabonder. L'après-midi venait de débuter et je profitais de ce temps libre pour faire une sieste. Une heure plus tard, Stéphanie me rappela pour me dire qu'elle avait terminé. Sur le moment, j'étais plutôt dubitatif, n'ayant strictement rien ressenti. Le soir, je me couchai, normalement, sans souci particulier. Et c'est la lumière qui me réveilla le lendemain matin : pas la clarté du jour comme je le crus d'abord – le réveil indiquait 3 heures du matin – mais une étrange lueur qui inondait la pièce. Je m'assis sur le bord du lit en me frottant les yeux, convaincu d'avoir oublié d'éteindre avant de me coucher. Mais la lueur s'estompa subitement et je me retrouvai dans l'obscurité la plus complète. Le jour venu, je téléphonai à Stéphanie pour lui relater l'étrange phénomène nocturne. Elle ne fut pas surprise, car, paraît-il, de telles manifestations se produisent parfois, après un soin énergétique !

Quelque temps après, l'Univers m'adressa une seconde preuve. Tout débuta par un ouvrage dans ma boîte aux lettres. Il faut dire qu'avec le succès grandissant de ma chaîne, les éditeurs s'étaient mis à me courtiser, en m'adressant leurs nouveautés, dans l'espoir que j'en fasse la promotion. Le temps où je courrais derrière les intervenants n'était plus qu'un souvenir. Bref, le livre me plut. Je décidai aussitôt d'inviter son auteure, Danielle Dubois à s'exprimer sur ma chaîne.

Danielle est une thérapeute énergétique, connectée aux mondes invisibles, dont le parcours est tout à fait saisissant. Je m'étais imaginé, en parcourant l'ouvrage, un bout de femme très énergique, très droite dans ses souliers, je ne fus pas surpris : Danielle resta debout durant toute l'interview, animée d'une foi incroyable, un enthousiasme rare et percutant, qui me toucha droit au cœur.

Elle débuta son récit en me narrant comment elle avait, un jour, pris conscience de ses dons si particuliers.

— Ce fut une révélation. J'habitais en province et étais montée à la capitale, avec mon mari, pour assister à un concert de Nana Mouskouri, à l'Olympia : belle soirée !
Le lendemain, c'était la Pentecôte, le 14 mai 1978, et nous flânions dans les rues parisiennes sans but précis. Nous étions dans le quartier de l'Opéra et j'eus soudain envie de visiter l'église de la Sainte Trinité, à quelques centaines de mètres de là. Pourquoi cette église en particulier ? Aucune idée ; une aspiration soudaine. Bref, l'église était bondée en ce jour saint, et nous nous faufilâmes jusqu'à une petite chapelle derrière l'autel principal. Et comme la messe commençait, nous assistâmes à l'office. Au moment de l'Eucharistie, nous étions tous debout, lorsque je reçus comme un coup, à droite sur le haut du crâne, si puissant que je me retrouvai assise. Et au même instant, j'entendis ces mots : « tu t'occuperas des malades ». Je me souviens avoir immédiatement interjeté, à haute voix, « ça, jamais ! ». Mais la voix me répondit : « tu le feras ». J'étais assommée, tant par le coup que l'invraisemblance de la situation. Quelques regards furtifs se tournèrent vers moi : je restais assise sur mon banc, incapable de bouger.
Dans les jours qui suivirent, je commençais à distinguer des changements au fond de moi, des sensations difficiles à traduire, mais je me savais différente. Puis je me mis à percevoir des vibrations autour des gens qui fréquentaient mon salon de coiffure. Parce que j'étais coiffeuse, c'était mon métier.
— Mais vous n'étiez pas encore guérisseuse ?
— Non, bien sûr, je restais coiffeuse et je ne comprenais pas la mécanique en marche. Aujourd'hui, avec le recul, je suis en mesure d'analyser les étapes de ma transformation et de m'apercevoir que les faits, les rencontres, je parlerais même de synchronicités, une multitude de petites choses ont convergé

à partir de cette date pour me pousser sur un chemin dont je ne soupçonnais pas l'existence. Mais il m'a fallu cinq ans : cinq ans de rêves, de ressentis, d'éveil, de rencontres, pour changer de peau…
Les circonstances, appelons-les ainsi, m'ont alors amenée aux Philippines, où je croisais la route d'Agpaoa, l'un des plus fameux guérisseurs philippins. Lui reconnut de suite mon aura et me proposa de me former. Ce fut mon premier contact avec la médecine énergétique. L'année suivante, Agpaoa n'était plus, mais ce fut l'un de ses disciples, Placydo, qui termina cette première initiation. De retour en France, Gérard Montet, ostéopathe et psychologue réputé, s'est occupé de moi et m'a aidée à acquérir une vraie confiance en mes capacités.
— Considérez-vous prodiguer de véritables soins ?
— Oui, bien sûr, ce sont des soins, même s'ils sont de nature énergétique. Durant mon apprentissage, j'ai reçu différents messages, sous forme de rêves, très concrets. Le premier de ces messages disait : « on soigne l'homme à l'envers. Car l'homme est d'abord un esprit, une âme, puis un corps. » Pour moi, cela signifiait que l'on se trompait en focalisant l'attention sur la matière et non sur l'esprit et l'âme, qui forment pourtant ce que l'on est, véritablement. Aujourd'hui, lorsque je reçois une personne en consultation, je ne m'attache pas au corps : je regarde ce qui est autour, les énergies, les vibrations. Je vois ces ondes comme une sorte de vaste toile tissée par d'innombrables fils énergétiques, un peu comme une toile d'araignée si vous préférez, mais une toile vivante, avec l'énergie qui circule. J'observe et je distingue aisément les endroits où la circulation n'est pas fluide, où il se forme comme des trouées, des déchirures. C'est sur cette toile que j'interviens, au niveau des énergies qui la composent. Mon travail consiste à réparer tous ces accidents, sources de dysfonctionnements. Je procède par la pensée et je retisse la toile, en réparant les

trous, en défaisant les nœuds, aussi, en gommant certains amas bien visibles.
Je peux aussi intervenir sur les déséquilibres d'ordre psychique, car j'ai accès à la dimension psychique du sujet, à l'énergie qui définit ses traits de caractère. Prenons l'exemple du plexus solaire, qui est, comme vous le savez sans doute, le siège des émotions. Le corps subtil qui est relié à ce plexus solaire dynamise à la fois l'émotionnel et une zone organique qui englobe pratiquement tout le système digestif. Les deux sont liés. Ainsi, un timide ou un introverti aura tendance à souffrir d'ulcères ou de maux d'estomac fréquents. En travaillant sur les fluides de la partie organique, on dégage aussi l'émotionnel, et vice-versa : les deux sphères sont liées. Et il en va de même pour tous les autres plexus, ou chakras si vous préférez. Les centres énergétiques sont reliés à la fois aux organes et à une partie de notre psychique.
— Comment procédez-vous ? Transférez-vous de l'énergie, à la manière d'un magnétiseur ?
— Non, du tout. Je visualise les énergies, en fermant les yeux, car les corps subtils ne se trouvent pas dans cette dimension-ci. Ils se trouvent dans une autre dimension, un plan énergétique qui n'est pas terrestre. C'est là que je me projette et que j'opère. Jamais je n'interviens sur la matière. Je travaille sur un autre plan, dans l'espace si vous préférez. Je visualise la toile et déroule un fil, qui m'amène à un point problématique, par exemple un paquet gluant. Alors, patiemment, je démêle le fil, le nœud se défait et je continue à suivre le fil, jusqu'au problème suivant. En réalité, je suis guidée de là-haut. Cela vient naturellement. Il n'y a pas de méthode : je laisse l'intuition me conduire. C'est difficile à expliquer, je me sens comme aimantée par cette énergie qui me pilote en quelque sorte. Mais, pour répondre pleinement à votre question, je ne donne rien, contrairement aux personnes qui magnétisent. Je suis le canal par lequel l'énergie circule. Mais cela ne vient

pas de moi. C'est une question de résonance entre le sujet et son âme. Moi, j'interviens sur les désordres, pour que lui puisse retrouver une meilleure connexion avec son âme. Vous comprenez ?

— J'ai lu dans votre livre que vous considériez votre pratique comme relevant de la connaissance et non du savoir. Pouvez-vous expliquer cette notion ?

— Le savoir s'acquiert. C'est la science, tout ce qui passe par l'intellect et le mental. La connaissance est ce qui se trouve intégré en nous, par nos vies antérieures. En ce qui me concerne, rien de ce que je fais, lors de mes soins, ne passe par le mental. Je n'ai rien appris. Tout passe par la perception. Je ne me pose pas de question. Je ne raisonne pas. Je me laisse guider, en totale confiance.

— Pouvez-vous évoquer quelques-unes des guérisons assez miraculeuses auxquelles vous avez assistées, si je puis dire ; je pense notamment à cet enfant qui avait eu un accident de toboggan.

— Vincent, oui, ce fut une belle guérison. Il avait 13 ans lorsque son père, lui-même médecin, me l'amena en consultation. C'était un solide adolescent, mais il se tenait fort bizarrement, les deux bras écartés du buste, dans une posture assez simiesque. Je lui demandai de baisser les bras, mais il ne pouvait pas. Alors son père m'expliqua qu'à l'âge de 5 ans, Vincent avait fait une terrible chute de toboggan et qu'il était tombé sur la tête. Et je constatai, effectivement, un front très bas, comme encastré dans les sourcils. Vincent avait maintes fois consulté des ostéopathes, mais aucun n'avait réussi à lui débloquer le buste. Je suis rentrée dans la mémoire du choc et ai remodelé le crâne, car il portait les stigmates d'un enfoncement. J'ai fait cela sur la toile bien sûr, au niveau énergétique, en effaçant la mémoire incrustée du traumatisme. Et ce faisant, j'ai relancé la fonction énergétique et le corps matériel en a été libéré.

Aujourd'hui, Vincent est un grand jeune homme à la stature normale, sans plus aucune gêne au niveau du buste.
Ce qu'il faut comprendre, c'est qu'un problème mécanique peut très bien se situer sur un autre plan que le plan matériel. Il n'est pas forcément visible à la radio ou à l'IRM : il peut s'agir d'une empreinte énergétique, qui a des correspondances avec la matière, mais qui n'est pas décelable au niveau de la matière. J'ai soigné beaucoup de cas, où les blocages n'étaient pas ligamentaires ou osseux, mais énergétiques.
Ces interventions particulières restent rares. Dans la plupart des cas, je nettoie un terrain. Je dénoue des liens, je défais des nœuds. Les accidents, les maladies, les blessures profondes encrassent le terrain : je le rends propre. Et en faisant cela, je libère certaines personnes de leurs blocages. Elles s'épanouissent alors, elles rayonnent, elles appellent à elles la lumière.
C'est vraiment cela mon rôle principal, lever des blocages pour aider l'âme à s'élever dans la lumière. Cela a des répercussions sur le corps et l'esprit, bien sûr, mais je m'occupe des âmes : une manière pour moi de soigner à l'endroit !
Mais attention, je ne peux pas dire que je guéris des maladies. Ce n'est pas vrai. Je n'ai pas le droit de dire cela. J'aide, je soigne, mais la guérison appartient au patient. Il y a des maladies inscrites dans le parcours des individus, dans les épreuves que leur âme a choisies avant de s'incarner. Certaines maladies résultent de mode de vie, de choix, et je ne peux également pas intervenir dessus. Je peux aider ; mais la guérison ne m'appartient pas. Elle relève des plans de vie de chacun.
Mon domaine d'action concerne exclusivement les dysfonctionnements énergétiques. Vous savez, nous possédons tous sept centres énergétiques, que certains nomment chakras, et qui sont donc reliés à sept corps subtils. Chacun dynamise une zone organique particulière. Si le mal est l'expression d'une blessure énergétique, d'un tourment émotionnel, de quelque chose de subtil, je peux le soigner en travaillant sur

les énergies, réparer le trouble. Mais si la cause est mécanique, matérielle, je suis impuissante. Je ne travaille pas sur la matière.
— Vous avez parlé de vies antérieures et de cheminement : pensez-vous que vos capacités actuelles sont en liaison avec certaines de vos vies passées ?
— Je me le suis souvent demandé. C'est possible. Je me souviens que petite, je me suis plusieurs fois rêvée en infirmière. Je portais une blouse blanche, avec une croix rouge sur la cornette et j'allais de malade en malade, dans de grandes tentes, plantées en plein désert. Il faisait très chaud et je ne voyais que des dunes de sable à perte de vue. C'était peut-être un rêve prémonitoire, la réminiscence d'une vie antérieure, qui sait ? Sinon, ce message que j'ai entendu, « tu t'occuperas des malades », je pense que c'est mon âme qui me l'a adressé. Cela fait certainement partie de mon chemin de vie, de ma mission d'âme. Je m'étais un peu égarée. Ma petite voix intérieure m'a remise sur le bon chemin.
— Croyez-vous que nous possédions, malgré tout, un libre-arbitre ?
— Oui, bien sûr, nul n'est obligé d'écouter. Je pense que rien ne nous est véritablement imposé. Nous pouvons refuser ou accepter de suivre la route qui nous est proposée. La décision nous appartient.
— Votre parcours est pourtant jalonné de synchronicités surprenantes.
— Oui, mais elles ne prennent forme que lorsqu'on a conscience qu'elles existent. C'est la condition première pour qu'elles puissent remplir leur rôle et éclairer le chemin. Cela n'arrive que lorsqu'on a déjà accepté de le suivre.

J'approuvais : les synchronicités prennent tout leur sens après coup. Sur le moment, on n'y prête guère attention. Et ce n'est qu'une fois engagé sur le chemin, que l'on se trouve à même de réfléchir à tous ces signes qui nous ont accompagnés dès le départ. Cela avait été mon cas.

Je terminais l'interview par une sollicitude toute personnelle ; et Danielle accepta, sans se faire prier, de jeter un coup d'œil à ma toile énergétique, voir si elle ne comptait pas trop de déchirures ou de nœuds. Elle me fit allonger sur mon divan, en me demandant de ne pas trop l'observer, de rester détendu. Je fermai les yeux, laissai mon esprit vagabonder. La séance dura presqu'une heure. Puis Danielle me raconta avoir recousu un bout de toile au-dessus de ma tête et un autre près du genou. Je lui avouai souffrir souvent de migraines le matin, au réveil. Elle sourit, me confiant avoir réparé quelque chose de ce côté-là. Eh bien, croyez-moi : cela fait bien deux ans que je n'ai plus éprouvé la moindre douleur crânienne au réveil ! Quant au genou, le ligament me faisait souffrir parfois, vieille séquelle de mes jeunes années de footballeur. J'ai désormais l'impression que tout est rentré dans l'ordre, de ce côté-ci, aussi.

Les sceptiques parleront peut-être d'effet placebo. Mais moi, je retiens surtout la suppression du mal. Oui, sans l'ombre d'un doute. Après tout : c'est bien ce qui compte !

Ce qui suit est encore plus étonnant.

Un soir, je reçois un appel de « Mister John », le fameux homme de l'ombre, qui me suggère d'inviter une certaine Chris Mila, une thérapeute incroyable, me dit-il, qui soigne les gens en les débarrassant de certains parasites issus de l'astral. Je ne sais plus qu'elle fut ma réaction exacte ce soir-là, je n'ai probablement rien dit, juste écouté : la chose paraissait tellement folle ! Mais « Mister John » enchaîna, avec un naturel des plus déconcertants :

— Tu sais, il existe des créatures assez sordides qui peuplent le bas-astral.

— J'en ai vaguement entendu parler, oui...

— Bon, ce sont des créatures qui ne s'alimentent pas à la source, à la lumière, car elles en sont émotionnellement fort éloignées. On parle souvent de ténèbres pour désigner ces plans vibratoires proches de la matière, mais il s'agit d'une métaphore. Ce sont les peurs qui dominent dans ces mondes-là, et par extension tout ce qui dérive des peurs : la haine, la violence, la détresse, le tourment. Et bien, il existe des entités qui se nourrissent des angoisses et du désarroi. En réalité, il y a deux catégories de créatures que l'on peut rencontrer dans le bas-astral : des parasites véritables et des égrégores. Les premiers sont des êtres autonomes, très peu éveillés, qui se sont enfermés dans une réalité sordide et ne veulent pas en sortir, parce qu'ils ignorent le reste. Ils errent et tentent de prolonger leur état en parasitant les autres. Les seconds correspondent à des formes de pensée, des créations qui émanent de toi et qui reflètent tes propres angoisses. Tous ceux qui voyagent dans le bas-astral savent qu'ils sont souvent confrontés à des projections de leur propre pensée et doivent apprendre à les surmonter.

Je restai coi. Il poursuivit :

— Chris Mila voyage facilement dans l'astral. Je peux te l'assurer : tous les détails qu'elle donne sont véridiques. Et cela lui permet de se confronter aux parasites qui œuvrent dans ces niveaux du bas-astral et de prodiguer des soins énergétiques très performants. Invite-la, tu ne seras pas déçu !

Je pris en réalité mon temps avant de contacter Chris Mila ; le temps peut-être de bien digérer l'information. Mais j'ai confiance dans le ressenti de « Mister John ». Et puis ma chaîne s'intitule « On ne vous demande pas d'y croire », ce qui laisse de la place pour les récits les plus extravagants. J'invitai donc Chris et lui demandai de nous raconter son incroyable parcours.

— Je suis née avec des capacités extra-sensorielles. Je m'en suis rendu compte dès l'âge de 4 ans, lorsque je me suis mise à voir des défunts. Je les voyais comme je vous vois, bien réels. Ils me regardaient, souvent fixement, se rendant visiblement compte que j'étais capable de déceler leur présence. Une femme me terrorisait alors : une grande silhouette sombre et longiligne, qui venait souvent me rendre visite. Elle se postait devant moi et me fixait. Je n'avais pas peur des autres, mais cette femme m'effrayait un peu.

Bref, c'est à l'âge de 4 ans que j'ai pris conscience de certaines de mes capacités. Mais, en réalité, il y avait déjà eu des manifestations antérieures. Enfant, je rêvais fréquemment d'une maison dans une forêt où je déambulais. Et comme ce rêve était assez récurrent, j'ai fini, un jour, par en parler à maman. Elle en fut très surprise, car les détails que je fournissais correspondaient parfaitement à la maison que nous habitions lorsque je suis venue au monde. Or, nous n'étions restés qu'une année dans cet endroit, et ma mère ne comprenait pas comment je pouvais avoir connaissance d'autant de détails sur les extérieurs de cette maison, alors que je n'avais, pour ainsi dire, jamais quitté mon berceau. Oui, j'étais capable d'évoquer la toiture, le plan d'ensemble, les champs, les arbres ; et ce, dans les moindres détails. Je pense aujourd'hui, que je n'ai pas fait que rêver cet endroit : je m'y suis promenée en dehors de mon corps. J'en déduis que, bébé, je possédais déjà certaines aptitudes particulières.

— Et cette femme qui te terrifiait ? Comment cela s'est terminé ?

— J'en ai parlé à maman. Maman possédait, elle aussi, des capacités extra-sensorielles. Elles voyaient les défunts, comme

sa mère, avant elle. Et donc, un jour, dans la rue, je pus lui désigner la femme en question. Et ce fut la dernière fois que je la vis.

— La médiumnité, c'est donc une affaire de famille !

— Au moins sur quatre générations. Du coup, j'ai été accompagnée, ou tout du moins rassurée, parce que la médiumnité est une chose très difficile à gérer pour une fillette. Il faut apprendre à couper ses perceptions.

— Comment vois-tu les défunts ? De manière aussi réelle que les vivants ?

— Petite, je pouvais confondre, tant les défunts peuvent revêtir l'apparence de la vie. Mais ils ne sont pas animés par l'énergie du vivant. Je le ressens. Je le vois aussi. L'aura n'est pas la même. Chez une personne qui vient de décéder, cette aura est grisâtre. Ensuite, lorsque le défunt est plus ancien, son image est plus laiteuse. C'est la manière dont je perçois les choses, ce n'est pas forcément ce qui est. Car de l'autre côté, les défunts conservent leur personnalité.

— Quand les défunts viennent te rendre visite, c'est pour transmettre des messages ?

— Cela peut arriver, oui, bien sûr. Mais je ne recherche pas le contact avec les défunts. Je préfère aider les vivants. Je travaille beaucoup avec l'astral. Je fais beaucoup de soins énergétiques.

— Comment procèdes-tu ?

— Il y a tout d'abord la phase de diagnostic, c'est-à-dire que j'observe le corps éthéré, celui qui entoure le corps biologique, et j'essaye de repérer les fuites d'énergie, c'est-à-dire les ruptures et les disharmonies dans ce halo lumineux aux couleurs bleutées. Et ensuite, je visualise les soins, en projetant ma conscience au niveau de ce corps éthéré. Parfois, je travaille avec mes mains, en coupant, en modelant, ce corps éthéré, ou j'imagine comme un laser. Cela dépend.

Un jour, je remarque une grosseur sur la langue de mon berger allemand. Je l'emmène chez le vétérinaire : seule l'opération chirurgicale semble envisageable. Mais moi, je ne veux pas. Comme la grosseur se situe au milieu de la langue, il va falloir en couper un morceau. Je ne veux pas mutiler mon chien. Je le ramène alors à la maison et décide de le soigner moi-même. Tous les jours, pendant un mois, j'ai imaginé brûler ce champignon, qui ressemblait à un chou-fleur, tranche par tranche, durant quelques minutes. J'ai recommencé les mêmes gestes, tous les jours, jusqu'à ce que la langue soit totalement cautérisée, qu'il n'y ait plus aucune grosseur.

— Tu peux soigner les animaux comme les humains ?

— Oui, bien sûr, les animaux possèdent aussi un corps éthéré. Quand je soigne des humains, je prodigue généralement mes soins dans l'astral. Ce sont généralement des soins beaucoup plus lourds qu'une intervention sur un kyste ou quelque chose comme ça. Ce sont des interventions qui impliquent aussi un travail sur le mental de la personne, car les problèmes énergétiques sont souvent l'expression de tourments psychiques. Une personne qui broie du noir attire forcément à elle des complications ; une personne en manque de confiance va toujours se heurter à un mur, etc. Il faut bien avoir conscience que nos pensées influencent directement le monde vibratoire dans lequel on évolue. Des pensées négatives attirent des entités qui se nourrissent de nos peurs, de nos frustrations ou de nos souffrances ; des entités qui s'accrochent et nous maintiennent, en retour, dans cet environnement très néfaste. C'est un cercle vicieux.

Du coup, on ne peut pas tout solutionner à partir du seul corps éthéré. J'ai travaillé récemment sur un cas, où je distinguais, très nettement, une sorte d'oiseau accroché à la tête de la personne que je soignais. Il y avait beaucoup de rouge autour de la tête ; et je percevais la frustration, comme principale émotion. La bestiole semblait se nourrir de cette énergie, qu'elle pompait depuis le sommet du crâne. Elle enserrait l'homme, avec une patte autour de son cou et une autre, au niveau du foie, vampirisant pour ainsi dire l'énergie depuis ces trois chakras que sont ceux du sommet du crâne, de la gorge et du plexus. Je comprenais aisément pourquoi la personne souffrait de dépression chronique.

— Cette bestiole existe en tant que telle ou est-elle plutôt le produit des pensées de la personne ?

— Non, elle existe véritablement. Il y a des bestioles qui se nourrissent de nos énergies. Bien sûr, elles ne s'accrochent pas au hasard. Il faut un terrain propice. Mais il existe des tas d'entités néfastes. Donc, mon travail de guérisseuse consiste à décrocher ces créatures, en les attaquant avec des armes, jusqu'à ce qu'elles acceptent de se détacher. Mais il faut que la personne fasse ensuite un travail sur elle, pour que ces entités ne reviennent pas. Elles ne sont pas là par hasard.

— Donc, pour ce genre de soins bien spécifiques, tu opères dans l'astral. Cela implique des sorties totalement maîtrisées. Tu sais toujours où tu te rends.

— Oui bien sûr. Avant de m'endormir, je fixe un plan d'action. Je ne soigne qu'une personne par nuit. Je suis en mission. Ce n'est pas quelque chose que je maîtrise depuis longtemps. Avant, je ne soignais qu'en me projetant mentalement au niveau du corps éthéré. Je voyais déjà les « greffons ». C'est comme cela que je les nomme, car ils se greffent littéralement aux corps éthérés.

Depuis quelques années, j'ai peaufiné ma méthode. Je suis aidée, bien sûr, par mon guide spirituel. Je maîtrise davantage mes sorties astrales. C'est peut-être pour ça que je procède ainsi, maintenant.

Plus j'écoutais Chris et plus je me demandais à quoi pouvaient bien correspondre ces bestioles qu'elle me décrivait. Chris me disait qu'elles existaient réellement.

Mais, comme l'avait souligné « Mister John », la pensée est créatrice. Du coup, je me disais qu'il s'agissait peut-être de manifestations liées aux pensées des victimes, des projections de leur mal-être, de leur désarroi. Enfin, je l'espérais. Car je trouvais très effrayante l'idée que ces parasites puissent être de véritables créatures autonomes.

Une autre question me hantait : pourquoi Danielle Dubois n'avait-elle pas évoqué l'existence de telles bestioles ? Elle percevait parfaitement les déperditions énergétiques s'échappant des corps. Était-elle alors empêchée de voir les entités qui pompaient l'énergie au niveau de ces fuites ? S'agissait-il de cas différents ? Il est vrai que Danielle se projetait mentalement au niveau des corps éthérés qu'elle soignait. Elle ne voyageait pas dans l'astral. Peut-être que sa perception s'en trouvait, de fait, limitée…

Je relançai Chris sur ses sorties hors du corps.

— Il t'a fallu du temps pour maîtriser tes sorties dans l'astral ?

— Il m'a fallu apprendre à gérer les entités du bas-astral. Lorsque je sortais, je me retrouvais systématiquement dans le bas-astral, aux prises avec des créatures très agressives. Cela me faisait peur. Je faisais des sorties non-désirées : c'était pénible. J'ai fini par comprendre que je pouvais modifier ma fréquence vibratoire, mais cela a pris du temps. Le secret : c'est l'intention de départ, les pensées qui nous accompagnent, l'état psychique qui précède la sortie. Après, on peut aussi être victime de ses phobies. La pensée est créatrice. On est capable alors de projeter des peurs et de les rendre réelles. J'ai peur des vampires ; et il m'est déjà arrivé d'en voir, lors d'un voyage. Mais lorsqu'on sait qu'il s'agit d'une pensée, il suffit de la troquer contre une autre, plus rassurante. Il suffit d'activer une autre pensée. Avec l'habitude, c'est facile. Au début, ça l'est beaucoup moins ! Ceci dit, le bas-astral existe

bel et bien. Il est peuplé de créatures malsaines, qui peuvent épouser toutes sortes de formes effrayantes. Il vaut mieux ne pas s'y promener.

Chris confirmait donc ce que m'avait révélé « Mister John » : le bas-astral est un plan vibratoire assez ténébreux, peuplé de choses peu réjouissantes. Je frissonnais alors à l'idée que Chris se devait d'affronter toutes ces créatures, dans son quotidien, car c'est bien dans ces niveaux infâmes qu'elle œuvrait.

Je me remémorai alors les propos de Marc Auburn, que j'avais accueilli sur ma chaîne, l'année précédente, pour une émission entièrement consacrée au voyage astral. Il m'avait confié que la matière nous engluait comme de la colle et que la sortie hors du corps s'apparentait à une totale libération : celle du corps subtil, mais aussi celle des sens, car ils s'en trouvaient tous décuplés. Marc avait raconté une scène étonnante : un entretien avec Mireille Darc, quelques années auparavant.

— J'avais rencontré Mireille Darc, à sa demande, lors d'un déjeuner gare de Lyon. Mireille était préoccupée, car elle avait vécu une expérience aux frontières de la mort, une EMI, qui s'était en partie mal déroulée. Et donc, elle me narra ce passage, m'expliquant qu'une fois hors de son corps, elle s'était retrouvée plongée dans une atmosphère assez sombre, avec devant elle, une grande étendue marécageuse. Et alors qu'elle traversait cette plaine boueuse, elle sentit s'accrocher à elle toutes sortes de parasites, glauques et visqueux...

Je la vis frissonner à l'évocation de cette vermine ; et d'un geste, je l'arrêtai dans son récit.

— Tu as traversé le marais, lui dis-je, puis tu t'es élevée dans la lumière, et tous ces parasites ont disparu.

— C'est exactement cela, me répondit-elle avec étonnement.

Alors je lui expliquai que ce qu'elle avait vécu ne renfermait rien de dramatique. Son corps éthéré était lourd, chargé de basses vibrations. Et il attirait, de ce fait, tous les parasites de ce sordide champ vibratoire, semblable à un bourbier. Mais apercevant la lumière, elle s'éleva en vibrations. Et tous ces parasites, qui ne pouvaient la suivre, retombèrent dans la fange infâme. Je lui dis « tu vois, ce ne fut qu'un passage, rien de bien méchant ». Ce jour-là, Mireille Darc me remercia chaleureusement, complétement rassurée par mes explications. Elle me le confirma : toute son appréhension de la mort avait disparu.

Marc Auburn avait utilisé cet exemple pour illustrer le fait que la connaissance était primordiale pour une bonne maîtrise du voyage astral. Cela avait d'ailleurs été tout le sens de son propos durant cette interview ; et je n'avais pas, à l'époque, saisi toute la pertinence de ses commentaires, car ils me semblaient bien éloignés de mes préoccupations du moment. Il y avait pourtant dans son discours quelques réflexions très éclairantes quant au fonctionnement de l'astral. Marc avait insisté sur le fait que nos états d'âme, nos pensées, influaient directement sur la manière dont on percevait les mondes invisibles. Il concevait l'astral comme un ensemble de champs vibratoires, proches de la terre, dans lequel les âmes s'échappaient lors de la mort du corps biologique. Mais il existait, selon lui, d'innombrables plans énergétiques, presque une infinité.

Je me souviens, il avait utilisé l'exemple du millimètre-cube pour illustrer la réalité de notre monde terrestre ; puis avait comparé la sortie astrale à une sorte de giclée hors de ce millimètre, dans un espace avoisinant le kilomètre-cube. C'était pour lui ce qu'il advenait à chaque sortie : une impression d'infini !

Je l'avais aussi questionné sur le monde des défunts. Il avait alors plaisanté, m'adressant un large sourire narquois :

> *— Qu'est-ce que le monde des défunts ? Hein ? Un lieu spécial peut-être ? Tu évoques un concept, pas une contrée. Chacun, à la mort de son corps biologique, emprunte un véhicule et se dirige vers un lieu compatible avec son état de conscience. Cela peut être un monde très spirituel, très énergétique, ou un plan de basses vibrations comme le bas-astral. Chacun possède une fréquence vibratoire qui prédétermine l'endroit où il se rend. En réalité, c'est dans la matière que des états de conscience très dissemblables peuvent se rencontrer. Dans les autres champs vibratoires, cela est beaucoup moins vrai. Le monde des défunts, comme tu l'entends, n'existe pas !*

Mince, Marc se moquait gentiment, mais il avait raison. La représentation d'un monde bipolaire, avec d'un côté les vivants et de l'autre les défunts, me paraissait de plus en plus simpliste. Non, c'était une vision tout compte fait plutôt matérialiste ou religieuse, d'un côté la matière, de l'autre immatériel, le royaume de Dieu. Mais plus j'avançais, plus je constatais la complexité de notre univers, avec des énergies présentes, en même temps, dans différents plans vibratoires. Les guérisseurs l'affirment : nous possédons différents corps énergétiques, le biologique, l'éthéré, probablement bien d'autres, sous des formes peut-être plus énergétiques encore. Alors, comment tout cela s'organise-t-il ? Dans quelle dimension la conscience de Marie-Paule subsistait-elle ?

CHAPITRE 5

Le temps et l'astral

L**orsqu'on commence à s'intéresser** à la création de l'Univers et à sa consistance, se pose irrémédiablement la question du temps, celui qui passe bien sûr. Nous le savons tous, le temps est relatif, en réalité inséparable de la notion d'espace. Mais comment se comporte-t-il en dehors de notre Univers ? C'est-à-dire en dehors de l'espace-temps dans lequel la Terre et toute la matière sidérale évoluent ? Je m'interroge : si le temps est relatif, dépendant de notre espace matériel, alors il ne devrait pas s'écouler au même rythme dans des univers parallèles, astral compris. On pourrait même considérer que le temps n'existe pas à l'extérieur de notre Univers : la fameuse éternité divine dont parlent certaines religions.

Et si le temps n'existe pas dans ces autres dimensions, l'âme devient forcément immortelle : c'est mathématique. Donc, la question du temps est en réalité au cœur même de notre existence, matérielle et immatérielle. Ceux qui, comme moi, se passionnent pour ce thème, savent qu'il existe une littérature abondante sur le sujet, pas toujours facile à lire, j'en conviens, mais fascinante. Bien sûr, les matérialistes convaincus réfutent l'existence même d'univers parallèles ou multiples, écartant ainsi du revers de la main la possibilité d'une survivance de l'âme au-delà de notre monde physique. Mais nous savons que c'est inexact : Marie-Paule nous l'a dit. D'autres, appartenant à une nouvelle génération de physiciens (Philippe Guillemant, Yakir Aharonov, Olivier Costa de Beauregard, etc.) bousculent cette conception admise – mais jamais démontrée – d'un Univers unique. Ils produisent alors un discours tout aussi rigoureux et cartésien, mais qui autorise – et même étaye – la possible existence d'un au-delà, tel que certains médiums le présentent. Je trouve cela excitant !

Grâce à un ami, Didier Santiago, concepteur de la chaîne YouTube « DStudio », j'obtins le contact d'un de ces physiciens nouvelle génération, Philippe Bobola, et l'invitai pour un exposé lumineux sur le temps.

Bien que le sujet me passionne, j'étais assez stressé par l'idée de m'entretenir avec un éminent physicien sur une thématique aussi complexe que la définition du temps. J'avais lu plusieurs ouvrages pour me documenter, mais j'appréhendais la difficulté inhérente à la compréhension de mécanismes obscurs, sans la maîtrise des concepts fondamentaux. Et de manière assez inhabituelle, je débutai l'interview en bégayant quelque peu. Détendu, Philippe se lança alors dans une fine analyse de la représentation de temps.

— On nous a inculqué une notion du temps assez simpliste, me répondit-il, sous la forme d'une droite, avec une flèche au bout, et un principe d'écoulement graduel du temps selon le sens de cette flèche, du passé, vers le futur. Isaac Newton a tenté une définition plus précise du temps, le considérant comme un objet mathématique à part entière, sans relation quelconque avec l'extérieur, et qui s'écoule en lui-même, de

et par sa nature, de manière régulière. Il s'agit donc d'un flux, homogène, sans accélération ni décélération. Le problème, quand on y réfléchit, est que le temps, ainsi défini, semble bien pauvre en paramètres. D'un point de vue mathématique, ce n'est qu'une droite composée de points, qui se succèdent. Comparativement à l'espace avec toutes ses dimensions, le temps paraît bien freluquet. Et pourtant, nous ne pouvons ni le produire, ni l'échanger, ni le thésauriser. Vous voyez, il s'agit d'une mesure bien particulière, essentielle à nos vies, mais d'une grande pauvreté dimensionnelle. Cela m'a toujours intrigué. Le temps est un concept difficile à définir, même si tout le monde a conscience du temps qui passe. Et dès lors se pose la question de la subjectivité du temps : est-il une entité réelle ou une illusion, une perception de quelque chose d'irréel ? Prend-il corps parce que nous l'observons ? S'écoule-t-il de lui-même ? Vous voyez : le temps est un objet fort curieux quand on commence à s'y intéresser.

Einstein a révolutionné la physique avec une question fort simple : un voyageur qui entrerait en gare, à bord d'un train, perçoit-il le même temps que celui qui se trouve immobile sur le quai ? Cela ressemble à une question d'enfant, mais la réponse a fait exploser les conceptions de la physique, car elle est négative. Non, ces deux personnages ne vivent pas le même temps : c'est la théorie de la relativité du temps, qui fait intervenir un critère de vitesse de déplacement.

Alors, prenons un exemple : imaginons deux jumeaux, Jean et Jules, l'un sur Terre et l'autre qui s'aventure dans l'espace, à bord d'un vaisseau qui se déplace à 99 % de la vitesse de la lumière. Dans cet exemple, le temps ne va pas s'écouler de la même façon sur Terre ou dans le vaisseau. Si Jules reste 10 ans dans l'espace, à son retour sur Terre, il se sera écoulé 707 ans pour Jean. Autant dire, Jules ne reverrait pas son jumeau, mais les descendances de celui-ci. Et s'il voyage 30 ans dans l'espace, toujours à 99 % de la vitesse de la

lumière, ce n'est plus 700 mais 2 100 années qui se seraient écoulées sur Terre à son retour.
Voilà où je veux en venir : si l'on imagine l'existence d'un double de nous, hors de notre espace-temps, dans un autre plan dimensionnel, alors nous devons admettre que le temps ne s'écoule pas du tout de la même manière pour lui, que pour nous. Et donc, grâce à sa non-incarnation, il pourrait se situer entre notre présent et notre futur terrestre, et ainsi nous aider à sélectionner les potentialités de notre futur.
— Qu'est-ce qui définit ce double ?
— L'existence de plusieurs temps. Si nous abandonnons l'idée d'un temps linéaire et unidirectionnel, pour un modèle où différents temps s'écoulent, alors le modèle génère l'existence d'un dédoublement : un dédoublement de ce que l'on nomme « l'espace-temps ». Ce modèle impose l'existence de deux espaces-temps, dans deux dimensions distinctes, avec deux temps qui s'écoulent différemment ; et donc un dédoublement de tout ce qui existe, ici-bas et là-bas. Or, cette conception des choses recoupe bien des croyances de sociétés dites traditionnelles. C'est l'opposition classique entre la réalité ordinaire et la prétendue réalité non-ordinaire qu'évoquent les chamanes, les guérisseurs, les mystiques. Le chamanisme se définit lui-même comme une communication avec un monde dédoublé, où vivent les esprits en relation avec notre monde. Et c'est dans cet autre univers, que se situerait une partie de notre âme, le fameux jumeau que je mentionnais tout à l'heure.
Ce qui est fascinant, c'est que selon cette théorie, ce jumeau serait en capacité d'aller chercher, au sein des futurs potentiels, celui qui nous siérait le mieux, à tous les deux.
Cela peut nous paraître très étrange comme conception, parce qu'elle est bien sûr très éloignée de notre culture occidentale, mais de nombreuses sociétés traditionnelles considèrent que l'on peut solutionner un problème en abandonnant le futur qui s'y réfère. C'est-à-dire qu'elles considèrent que le présent

est défini par le passé, bien sûr, mais aussi par l'activation de potentiels futurs. Je m'explique : selon ce nouveau modèle, le temps devient une oscillation permanente entre des potentialités, notre double sélectionnant certaines d'entre elles, que nous actualisons par la suite.

— Mais alors : le futur existe-t-il déjà ou n'est-il que potentialité ?

— Les peuples de Sierra Nevada Santa Marta, en Colombie, disent, en parlant du futur, qu'il s'agit d'un « possible inexistant ». Je trouve l'expression séduisante. Elle exprime parfaitement cette idée de potentialité, pas encore matérialisée.

— Comment notre double choisirait ce futur, parmi les champs du possible ? Possède-t-il une conscience propre ?

— Oui, bien sûr, notre double a une vision personnelle des choses, du fait de sa position extérieure à notre monde terrestre, évoluant dans une temporalité très différente de la nôtre. Il sélectionne ce qu'il pense être le meilleur ou le plus probable, selon nos aspirations profondes, l'intention du cœur. Et nous, nous avons l'ego, le mental, qui suit ses propres raisonnements et pas forcément les désirs du cœur. Il peut y avoir conflit.

Ce double, c'est la petite voix que l'on peut entendre, si on lui prête l'oreille bien sûr. Lui a accès à toute l'information.

— Est-il une sorte d'ange ?

— Cette théorie n'empêche absolument pas la présence d'autres plans énergétiques, où se situeraient d'autres entités lumineuses. Nos doubles appartiennent à une dimension, mais d'autres champs existent, d'autres espaces-temps. On peut tout à fait concevoir l'existence d'une sorte de hiérarchie lumineuse, telle que les nombreuses traditions la supposent.

— Quelle est alors votre vision de notre monde matériel, du temps qui s'y écoule ?

— Il existe deux états dans l'Univers, la matière et la lumière. Mais en réalité, la lumière est beaucoup plus présente. Pour

une particule matérielle comme un proton, il existe des milliards de particules lumineuses, les photons. Les particules matérielles échangent de la lumière, de l'information sous forme lumineuse. En réalité, toute interaction dans l'Univers, est lumineuse. Notre double a ainsi accès à l'information, mais il ne peut agir sur la matière, sans notre incarnation.

— Pensez-vous qu'on pourrait, un jour, démontrer par la science, la réalité de ce dédoublement de l'espace-temps ?

— Nous ne voyons pas les atomes. Pourtant, le physicien croit aux atomes. Et aujourd'hui, grâce au microscope à effet tunnel, il lui est possible de deviner le contour d'un atome. C'est récent. Demain, nous mettrons au point des techniques qui nous permettront de discerner des choses aujourd'hui invisibles. C'est certain.

Nos théories, aussi, évoluent. Il y a cent ans, les physiciens pensaient que l'Univers n'était fait que de matière. Puis, ils ont conclu qu'il était surtout énergie. Aujourd'hui, on se demande s'il ne serait pas qu'informations !

La position de Philippe Bobola est plutôt complexe, j'en conviens. Mais ce qui m'importe ici, c'est que la science véritable puisse envisager l'existence d'une âme détachée de notre corps biologique, ce fameux jumeau. Et le modèle développé n'exclut en rien la présence d'autres jumeaux, et même d'une infinité, existant tous sur des plans différents. Nous serions alors des êtres multiples, composés de consciences afférentes à chacun de ces plans. Cela a l'air très compliqué, mais vous verrez, dans la suite de cet ouvrage, que certaines descriptions de l'Au-delà sont compatibles avec cette idée d'âme dédoublée.

Avant de poursuivre et de s'envoler pour ces sphères lointaines, hors espace-temps, j'aimerais m'arrêter un instant sur l'astral et ses composantes. Il s'agit en effet, selon les médiums, d'un niveau vibratoire proche de la terre et de la matière. Je ne sais pas s'il est situé en dehors de notre espace-temps, mais il semble très attaché à notre univers physique, un peu comme le revers d'une pièce de monnaie. Et cette proximité m'intrigue. Souvenez-vous du récit de Mireille Darc, par exemple : elle semblait passer par l'astral au début de son EMI. Est-ce alors le cas de tous ceux qui décèdent ? L'astral, représente-t-il la première étape du parcours ?

Imaginons que ce soit le cas : cela sous-tendrait alors l'idée que ceux qui voyagent dans l'astral explorent un des mondes de l'Au-delà, et sont de ce fait susceptibles de croiser la conscience de certains défunts. À moins qu'il ne s'agisse que d'un plan intermédiaire, comme me l'avait laissé entendre « Mister John » : le plan de nos corps éthérés, où se trouvaient également des parasites et des égrégores...

Pour être franc, toutes ces discussions, avec les uns, les autres, n'avaient fait que multiplier mes interrogations. Je cherchais des réponses simples ; je n'avais fait qu'embrasser la complexité de notre monde, au point d'imaginer non pas un Univers, avec une face matérielle et une face immatérielle, mais une infinité de plans imbriqués, traversés par des énergies de nature dissemblables. Il y avait le « Moi », conscient et inconscient, le « Soi », l'âme, le corps éthéré, des êtres de lumière, des énergies – peut-être supérieures – une multitude de champs dimensionnels : j'étais un peu perdu. Comment rassembler toutes ces différentes perceptions dans un schéma cohérent ?

Et voilà que se posait donc la question du voyage astral. Comment cette perception très particulière des mondes invisibles pouvait-elle s'intégrer à l'ensemble ? Je décidai donc d'inviter Romain Clément, adepte du voyage astral, à témoigner sur ma chaîne ; et orientai en conséquence l'interview sur ce seul sujet.

— *Romain, quelle est votre définition du voyage astral ?*

— *Il s'agit d'une expression communément admise pour évoquer une expérience hors de son corps biologique. En ce qui me concerne, je préfère plutôt utiliser le terme de « la phase », qui est un terme générique englobant différentes expériences d'état modifié de conscience, comme le rêve lucide, la sortie du corps ou le voyage astral. En ce qui concerne le voyage astral, à proprement parler, il fait référence à l'existence d'un corps astral, auquel nous sommes connectés en conscience. Mais, en réalité, il existe des variations de ces états de conscience, plus ou moins lucides, variations qui se ressentent au niveau de l'expérience en elle-même. Par exemple, il est possible de sortir hors de son corps, tout en restant dans un environnement très familier, comme celui de sa chambre. On ne peut pas alors parler de voyage astral. Il s'agit seulement d'une sortie hors du corps. Le voyage astral se déroule nécessairement dans une autre dimension. L'astral est un univers parallèle, où il est possible de croiser de l'information, sous forme de messages délivrés par des entités, qui peuvent épouser différentes formes selon nos propres croyances ou perceptions, des êtres de lumière par exemple. L'astral correspond ainsi à un monde à part, qui n'est pas terrestre, et où l'on retrouve aussi la projection de nos émotions.*

« Univers parallèle », Romain avait lâché le mot magique ! L'astral appartenait donc à une autre dimension, sans doute la première en partant de la Terre. J'enchaînai :

— Ces personnages, guides ou êtres de lumière, jouissent-ils d'une existence physique dans cet univers parallèle ?

— L'astral est un plan où la barrière biologique n'existe pas. Lorsqu'on s'y trouve, on est libéré de la densité de la matière, mais on continue à ressentir les choses, avec nos sens que sont le toucher, l'odorat, l'ouïe. On est libéré du corps sans pour autant être privé de sensations. C'est mon ressenti. En revanche, je ne connais pas celui de ces êtres que je croise dans ce plan. Je ne sais pas comment eux perçoivent les choses. Ce que je crois, mais je ne peux pas le démontrer, c'est que tous ces êtres s'ajustent à un niveau vibratoire qui correspond à la fréquence de ce plan. Je m'explique : j'interprète l'Univers comme une succession de champs vibratoires. Il suffirait alors de s'accorder sur une fréquence commune, pour avoir accès au même plan. Il s'agit bien sûr de mon interprétation, mais je crois qu'il est possible de réduire ce passage d'un plan à un autre à la simple modulation d'une fréquence, comme sur un poste de radio qui se connecte aux ondes en tournant légèrement le bouton, comme s'il s'agissait de faire coïncider notre fréquence intrinsèque avec une vibration commune. Cela signifie aussi que cette connexion dépend de notre état émotionnel, car en fonction de nos émotions, nous n'avons pas forcément accès à la même vibration.

— Peut-on choisir sa fréquence ?

— L'intention est importante, car elle détermine souvent l'endroit où l'on se rend. Nous sommes une antenne, réceptrice et émettrice. Nous captons des ondes et en émettons. Pour maîtriser le voyage astral, il faut établir un plan d'action précis, une sorte de guidance, destinée à nous placer en condition optimale. La peur, le stress inconscient, sont des émotions susceptibles de contrarier fortement le voyage prévu. C'est pour cela qu'il faut être prêt, psychologiquement. Durant des années, j'ai vécu des expériences non-délibérées, car je sortais

de mon corps de manière incontrôlée. Avec l'expérience, j'ai appris à mieux contrôler ces sorties. J'ai ensuite découvert des techniques, issues du yoga tibétain, qui confèrent une meilleure maîtrise du voyage astral.

— Romain, à quoi peut bien servir le voyage astral ? À part bien sûr, l'escapade en elle-même...

— La prise de conscience que l'on n'est pas que matière. C'est, pour moi, la première utilité de la sortie du corps : s'ouvrir à l'existence d'une réalité autre que celle dans laquelle on est enfermée. Nous ne sommes pas que machine biologique ; notre conscience n'est pas prisonnière de nos chairs. Ensuite, le voyage astral permet une connexion avec notre corps subtil, notre corps énergétique. Dans le domaine des soins, par exemple, cela peut être très utile. C'est d'ailleurs le principe des voyages chamaniques : agir sur les énergies du corps, pour soigner certains maux qui possèdent une correspondance physique. Prenons un exemple qui me concerne : j'ai toujours été très sensible aux allergies, notamment aux acariens, et ai passé mon enfance à tenter de me faire désensibiliser. Puis, après l'échec de cette méthode, il m'a fallu avaler régulièrement des médicaments pour atténuer les crises, très fréquentes. C'est au cours d'un voyage astral, que j'ai eu l'idée d'imaginer que je me fabriquais un médicament : un cachet spécialement conçu contre les crises allergiques. Je me suis imaginé ingérer ce médicament. J'ai recommencé trois fois ce même rituel, lors de voyages successifs. Et je peux vous assurer n'avoir plus jamais souffert d'allergie aux acariens depuis cette date. Je sais qu'il s'agit d'une sorte d'effet placebo, mais en ce qui me concerne, il a été d'une efficacité redoutable. Voilà, c'est un exemple, mais je pense qu'il est possible d'intervenir de bien des façons sur certaines maladies, en agissant au niveau du corps astral. J'ai lu et entendu beaucoup de choses à ce sujet ; beaucoup de choses qui m'ont convaincu.

Donc, pour conclure, je te dirais que la sortie astrale est une manière de donner vie à nos intentions, car la pensée est créatrice, surtout lorsqu'elle n'est plus emprisonnée par la matière. Si vous voulez jouer du piano, vous le pouvez en sortie astrale, et même interpréter des morceaux à la manière d'un virtuose. La pensée est totalement libérée des contraintes. Et il n'y a pas que votre pensée : votre champ de perception est tout autant élargi. Paul McCartney racontait qu'il avait entendu la chanson « Yesterday » dans un état de conscience modifié. Il avait ensuite passé trois semaines à vérifier si le morceau n'existait pas déjà ailleurs...

— Si la pensée est créatrice, elle peut aussi favoriser ce que l'on nomme un « bad trip », une expérience traumatisante, non ?

— C'est pourquoi il faut être prêt, psychologiquement. La pensée est en effet créatrice. Cela signifie que si l'on croit au bas-astral, aux êtres maléfiques, aux entités négatives, on a toutes les chances de voir ce monde-là s'accomplir. Je ne dis pas que ces choses n'existent pas. Je dis que si l'on y croit, alors on peut facilement les rencontrer.

Il faut savoir que l'effet nocebo peut être tout aussi puissant que l'effet placebo. Si vous croyez fermement vous engager sur la voie de la guérison, vous parcourez effectivement un bout de ce chemin. Dans le cas contraire, vous pouvez vous mettre en danger, c'est certain. Mais il n'y a pas de réel danger associé aux sorties astrales, dès que l'on a conscience que la pensée est créatrice. Car il suffit de modifier sa pensée pour transformer l'expérience que l'on est en train de vivre.

— Pensez-vous que c'est la pensée qui donne forme aux entités que l'on rencontre ?

— Je ne sais pas si c'est notre pensée qui leur assigne une forme particulière, ou si elles adoptent une apparence compatible avec nos croyances. Cela peut fonctionner dans les deux sens. Une chose est sûre, c'est qu'une même communauté

aura tendance à identifier une même représentation. Alors, peut-être que nous nourrissons, collectivement, un égrégore, et qu'une fois qu'il est créé, il existe réellement dans le champ quantique d'informations. Mais il est clair que les entités épousent une image qui fait sens pour une population donnée. Dans une société animiste, par exemple, les entités sont surtout animales.*

— Est-ce qu'il existe des portes, dans l'astral, qui nous seraient fermées ?

— Nos croyances limitantes nous empêchent de vivre certaines expériences. Nos peurs nous contraignent. C'est un mécanisme de protection. Et puis, il y a aussi nos états vibratoires qui peuvent nous empêcher de nous connecter à certains plans, parce que la fréquence n'est pas compatible, tout simplement.

Pour Romain, l'astral était donc bien un plan intermédiaire, accolé à notre dimension matérielle. Ce n'était pas le monde des défunts, ni celui des guides ou des anges, mais un ensemble de champs vibratoires plus ou moins voisins, facilement atteignables depuis notre dimension. Romain avait parlé de fréquences et d'ajustements vibratoires. Il avait évoqué le bas-astral et l'avait confronté à d'autres sphères plus lumineuses, introduisant l'idée d'une multiplicité des couches de ce que l'on nomme l'astral. Oui, il n'y avait pas qu'un champ vibratoire correspondant à l'astral, mais visiblement plusieurs.

* Un égrégore est une énergie engendrée puis alimentée par des intentions, telles des pensées ou des prières. Sa force serait en lien avec la puissance collective. La dévotion, le fanatisme, l'idolâtrie, etc., pourraient ainsi créer des forces surnaturelles capables d'interagir avec le monde physique.

Plus tard, j'eus l'occasion de m'entretenir avec « Mister John » sur ce sujet et il me confirma l'existence de champs de fréquences divers et variés.

— *L'astral n'est pas plus réel que notre monde, ni plus ni moins, en réalité. Il se décompose en fréquences vibratoires, chacune correspondant à un plan particulier. Garde en tête que c'est* l'esprit *qui crée. Rien n'est extérieur à l'esprit.*

— *C'est-à-dire ?*

— *Tout simplement, la réalité qui nous entoure a pour fondement l'esprit. Nous n'en avons pas conscience, sur Terre, parce que la création est décalée dans le temps. Mais plus tes pensées sont négatives, noires, et plus ton monde va ressembler à quelque chose de sombre. Dans les mondes immatériels, la création est instantanée. Le temps n'existe pas. L'esprit construit son environnement immédiat, dans un présent continu. Bien sûr, c'est sa fréquence émotionnelle qui détermine le plan dans lequel il crée. Un esprit guidé par ses peurs va alors évoluer dans un monde d'effroi, où toutes manifestations renvoient à ses angoisses. On va qualifier ce plan de « bas-astral », mais en réalité, il n'y a pas qu'un seul bas-astral : il y en a de toutes sortes, chacun défini par des degrés d'inquiétude, d'anxiété ou d'épouvante.*

— *C'est l'esprit qui crée ces plans ?*

— *Tous les plans sans exception, y compris celui de la matière. L'esprit est premier. La conscience n'est pas née de la matière comme le croient les matérialistes. Non. L'Univers n'est pas d'abord matière : il est esprit, il est conscience. La matière n'est que la projection de cette conscience à une fréquence donnée ; une fréquence qui permet la matérialisation de la pensée créatrice. Dans les autres plans, la pensée est tout aussi créatrice, mais les créations demeurent plus énergétiques, non-matérielles au sens terrestre. Il faut garder en tête que c'est l'esprit qui conçoit toute réalité, matérielle et*

immatérielle. C'est pour cette raison que je t'ai dit que l'astral n'était pas plus réel que notre monde, ni plus, ni moins.
— Et donc, en dehors du bas-astral, le reste de l'astral est constitué de champs vibratoires, où il est possible de rencontrer d'autres entités, c'est bien ça ?
— Exactement. En réalité, tous les plans sont imbriqués les uns dans les autres, comme dans un grand mille-feuille dont on ne distinguerait pas précisément les différentes couches. Et nos corps énergétiques sont eux-mêmes enchevêtrés dans toutes ces dimensions. Ces corps sont des véhicules, qui correspondent, chacun, à des fréquences particulières. Ils sont distincts parce qu'on ne peut pas avoir accès à toutes les fréquences en même temps. Tu peux aisément le comprendre en considérant l'analogie du poste de radio : tu ne peux pas écouter plusieurs émissions en même temps. Tu te fixes sur une fréquence. C'est pareil avec tes corps. Ce sont des véhicules qui donnent accès aux champs vibratoires, séparément. Il en est de même pour ton corps physique qui seul permet d'interagir avec la matière. L'astral est le réceptacle de tes émotions. C'est ce qui le définit !
Pour t'y promener, tu utilises alors ton corps émotionnel, ou éthéré. Dans d'autres dimensions, il te faudra choisir un autre véhicule, si cela t'est possible, bien sûr, c'est-à-dire si tu as conscience de leur existence.

Je me remémorais alors une métaphore que j'avais lue un jour, je ne sais plus où, qui assimilait notre monde à un livre, un ouvrage, avec nous vivant sur sa couverture en ignorant l'épaisseur de sa tranche, ses centaines de pages qui en constituent le corps... En réalité, nous n'avons conscience que de la couverture, juste sous nos pieds, mais nous vivons bel et bien à travers toutes les pages, sans nous en rendre compte.

Je crois que j'aimerais me détacher ainsi de mon corps et voyager dans l'astral à volonté, en toute conscience bien sûr. Ceux qui ont cette chance doivent vivre des expériences magnifiques, découvrir d'autres mondes, des paysages fabuleux, peut-être même des civilisations extra-terrestres. Lorsque j'ai interrogé Romain à ce sujet, il est resté très évasif, avouant juste la chose possible. Il a préféré évoquer les rencontres avec d'autres énergies, terrestres ou spirituelles...

En l'écoutant, je me suis alors souvenu d'une petite anecdote bien croustillante, que j'avais enfouie au fond de ma mémoire. Il ne s'agit pas d'un voyage astral, mais d'une expérience entre rêve et réalité des plus étonnantes. Elle survint au début des années 2000, à une période où je consacrais tout mon temps à la musique. C'était le matin, j'étais resté au lit, laissant Marie-Paule rejoindre des amis qui avaient passé la nuit à la maison et prenaient le petit-déjeuner dans le jardin. Je somnolais, encore ensuqué par une soirée qui s'était prolongée fort tard. Et dans mon rêve, je m'imaginais les rejoindre. J'avançais lentement en direction de la porte, grande ouverte, qui menait au jardinet. Mais curieusement, ma vision se trouvait au niveau du sol, comme si je me déplaçais à quatre pattes. J'avais l'impression d'être dans la tête de mon chien. Arrivant devant cette porte béante, j'hésitai un instant, évaluant les quelques marches de l'escalier abrupt qui conduisaient à la pelouse en contrebas. Soudain, je basculai, descendant alors ces marches sur le ventre, pour finir le nez dans le gazon. Je me redressai en constatant que je n'avais rien de cassé. Mon cœur battait fort dans ma poitrine ; et je me réveillai d'un seul coup. Quelques minutes plus tard, je rejoignais les amis dans le jardin et leur racontai l'étrange rêve. Je me souviens encore de l'étonnement sur leurs visages, puis de leurs clameurs : car ils avaient assisté à la glissade de mon chien, quelques instants auparavant, sur le ventre, dans ce même escalier... Sur le moment, j'ai dû rire, puis vite oublier l'incident. Je ne m'intéressais alors que très peu au surnaturel ; et ai donc tout naturellement considéré les faits comme relevant d'une simple coïncidence.

Aujourd'hui, je suis convaincu qu'il ne s'agissait pas d'un simple rêve, mais d'une projection de conscience, non maîtrisée, mais bien réelle !

CHAPITRE 6

Visions de l'Au-delà

J**'avais entendu parler de l'expérience** de mort imminente vécue par Florence Hubert en Corse, en 2001. Et je savais qu'elle avait, depuis cet accident, développé de grandes capacités médiumniques. J'avais lu son ouvrage, regardé quelques vidéos où elle intervenait, notamment une interview qu'elle avait donnée sur la « Télé de Lilou Macé », où elle racontait dans les détails son EMI. Donc, lorsque j'appris qu'elle venait à Ajaccio, pour une séance de médiumnité, en salle, je me précipitai sur les réseaux sociaux pour l'inviter à venir raconter son histoire sur ma petite chaîne YouTube. Florence accepta ; et c'est ainsi que j'eus le privilège de la recevoir, en présentiel dans mon salon, le 20 septembre 2020. Durant la préparation de cette émission, Florence me relata dans les détails son EMI.

> — *Ma vie a basculé à 41 mètres de profondeur, me dit-elle, lors d'une dramatique plongée, au large de Porto Vecchio. Je ne sais pas pourquoi, nous étions descendus si profond, ce jour-là. On ne voyait pas grand-chose dans l'obscurité ambiante, si ce n'étaient les faisceaux de nos torches. Soudain, l'air vint à manquer. Je me rendis compte que ma bouteille était vide. Quel choc ! je paniquai. Je fis des signes aux autres plongeurs. J'avalai de l'eau salée. Je*

soufflai dans le détendeur de secours : rien, de l'eau salée toujours. Je regardai vers le haut. Je savais : j'allais mourir, noyée. Quelle terrible sensation : mes poumons brûlaient. J'avalais de l'eau. Je me noyais. Et puis là, contre toute attente, je me suis retrouvée à côté de mon corps. Je voyais les autres, les trois autres plongeurs qui me prenaient en charge, me remontaient. Et moi, j'étais là, j'observais. J'étais dans l'eau, mais je n'avais plus de problème de respiration. J'étais étonnée. J'étais bien. Alors, j'ai perçu une lumière qui se rapprochait, senti comme deux bras qui me soulevaient, me portaient dans cette lumière. C'était magique. Je traversais une sorte de tunnel à vive allure, toujours emportée par cet être qui me tenait, et je vis mon grand-père, Roger, qui me faisait signe, et me retrouvai, quasi instantanément dans une sorte de pièce, devant trois silhouettes encapuchonnées. Et j'entendis dans ma tête résonner cette phrase : « que fait-on de toi maintenant ? ». Jamais je n'oublierai cette phrase. Puis, des petites saynètes de ma vie passée se déroulèrent devant mes yeux : des moments divers, en famille, avec mes filles. Je sais qu'il a été question de ma mission sur Terre, mais honnêtement, je ne me souviens plus des détails. Puis, je me suis brutalement retrouvée dans mon corps, à quelques mètres de la surface, les tympans percés, le côté droit paralysé : séquelles heureusement provisoires d'une remontée trop rapide et sans palier.

Son récit, je le connaissais, mais le fait qu'elle me le raconte de vive voix me permettait de ressentir et d'apprécier toute la conviction qui l'animait lorsqu'elle évoquait chaque détail, aussi fou qu'il puisse paraître. Je percevais l'authenticité de son cœur et je trouvais cela merveilleux. Comment vous dire : une vidéo introduit toujours une notion de distance, un filtre entre votre conscience et l'expression de la personne que l'on écoute. Lorsqu'on s'adresse directement à cette personne, le filtre disparaît et notre intuition sait si le discours sonne juste ou pas.

On est plus à même de respirer l'authenticité de l'autre. Et même si je n'avais pas de doute quant à la sincérité de Florence, avant de l'inviter, j'éprouvais toute l'honnêteté de son récit. Je me souviens alors avoir pensé qu'il était rassurant de constater qu'une mort aussi horrible à mes yeux qu'une noyade, n'était pas plus atroce qu'une autre en réalité ; que la lumière nous englobait même sous l'eau, même à 41 mètres de profondeur : c'est réconfortant !

Je connaissais donc l'histoire de cet accident de plongée, mais c'est la suite qui m'intéressait. Car Florence était revenue de son voyage aux frontières de la mort totalement transformée. Je voulais que l'on parle de cela, que l'on oriente l'interview sur les conséquences de l'EMI, sur sa renaissance. Je désirais que l'on évoque l'impact d'une telle expérience sur sa psyché et sur sa vie. Florence reprit son récit :

— J'ai été hélitreuillée, transportée par hélicoptère à Ajaccio, direction le caisson de décompression ; mais, au fond de moi, tout avait déjà changé. J'étais dans l'hélicoptère, mes pensées affluaient à toute vitesse, je me souvenais de tout. Surtout, j'avais conscience d'avoir fait jusque-là fausse route, à tous les niveaux de ma vie, tant professionnels qu'affectifs. Je m'étais jusque-là égarée, je m'étais complétement perdue. Je venais de le comprendre. Ensuite, il y eut quelques mois de convalescence, bien sûr, durant lesquels j'ai été confrontée au déni des autres, notamment mon entourage. La plupart des gens ne croyaient pas à mon histoire : j'avais été victime d'un épisode hallucinatoire causé par le manque d'oxygène. Une amie, Nathalie, mon frère aîné, ma mère m'ont soutenue, mais j'ai perdu beaucoup d'amis à cette période ; j'ai divorcé ; les gens m'ont tourné le dos ; certains m'ont cru folle ; ce fut une période difficile.

Je vivais jusqu'alors dans un monde matériel très aisé et je me suis retrouvée en quelques mois, sans travail, dans un HLM, avec mes deux petites filles. Il m'a fallu cinq ans pour sortir la tête de l'eau. Mais j'ai refusé de me trahir à nouveau. Ma voie était désormais celle de la médiumnité. Je le savais, je l'acceptais. Cette expérience traumatisante, à 41 mètres de fond, m'a permis de me reconnecter avec moi-même. Le reste était illusion. Alors oui, cette période de ma vie fut compliquée, mais riche aussi. Ce fut une vraie renaissance, avec une nouvelle vie, une nouvelle famille d'amis, d'autres envies.

— Aviez-vous conscience de vos capacités médiumniques avant l'accident ?

— Oui et non. Il me semble avoir eu connaissance de certaines choses en moi, mais je les ai toujours refusées, jusqu'à ma noyade. C'est durant mon EMI que tout m'a été révélé, que tout est devenu très limpide. Alors, bien sûr, il m'a fallu me reconstruire ensuite, trouver du boulot, subvenir aux besoins de ma petite famille, mais, en recréant un cercle d'amis ouverts à la médiumnité. J'ai pleinement assumé ce qui se passait en moi, ce que je ressentais. Et les rencontres ont favorisé ce développement personnel, tant est si bien que j'ai fini par embrasser une carrière de médium, presque naturellement.

— Quelles sont vos capacités médiumniques ?

— Le contact avec les défunts. J'aperçois les défunts, presqu'aussi bien que les vivants. Ils m'apparaissent consistants, pas en transparence comme des fantômes, ni sous un drap blanc. Ils sont habillés, ils présentent bien. Ils se montrent souvent avec des environnements précis, m'adressent des images, me parlent, me donnent des surnoms. Je ne peux pas les confondre avec des personnes en chair et en os, mais ils arborent l'apparence de la vie. L'image qu'ils me montrent d'eux est toujours soignée.

— Les défunts, peuvent-ils venir vous importuner, à l'improviste ?

— J'ai appris à couper la connexion, à refermer le canal médiumnique, de sorte que cela n'arrive pas. J'ai toujours su

bloquer mes perceptions. Nous avons une vie céleste, mais aussi terrestre. Nous devons rester en équilibre et vivre notre vie terrestre. Elle mérite d'être vécue, même si elle semble plus ardue de ce côté-ci du miroir.

— Vous pensez que c'est mieux de l'autre côté ?

— Oui.

— Vous en êtes sûre, à 100 % ?

— Oui. Enfin, peut-être pas pour tout le monde... Mais oui, pour la majorité en tout cas.

Je fixai Florence en fronçant les sourcils... Puis glissai :

— Pourquoi cette hésitation ? Quelqu'un, pourrait-il se retrouver en situation délicate, une fois de l'autre côté ?

— Oui, bien sûr. Certaines personnes ne comprennent pas ce qui leur arrive, n'acceptent pas la mort, restent réfractaires à la lumière. Cela entraîne des complications. Vous savez, comme je communique aisément avec les défunts, je me suis aussi spécialisée dans le nettoyage des maisons. Il arrive parfois que les personnes décédées refusent leur mort. Ces âmes s'enferment dans leur bulle. Elles ne comprennent pas ce qui leur arrive. Elles se recréent un univers, dans leur bulle, et refusent obstinément de quitter les lieux. Lorsque j'interviens dans une demeure, ainsi habitée, il me faut entamer des palabres. Souvent, je souffle sur mes mains pour leur prouver leur mort, car le défunt ne possède plus le souffle. J'utilise comme ça des moyens de persuasion, car je fais face à des consciences qui refusent leur sort véritable, aussi étrange que cela puisse nous paraître. C'est vraiment un travail de persuasion, un dialogue dans lequel il me faut installer de la confiance. Souvent, la fin est heureuse. Le défunt accepte l'évidence ; et l'illusion dans laquelle il s'était enfermé cesse. Il aperçoit alors la lumière et s'en va. Mais parfois, il refuse obstinément de croire en sa mort. Rien n'y fait.

— Dans ces cas, les propriétaires doivent-ils déménager ?

— Oh oui ! Si l'ancien propriétaire ne veut pas quitter les lieux et considère les nouveaux venus comme des intrus, alors oui, il vaut mieux déménager. Car même s'ils sont enfermés dans leur propre bulle, dans un monde illusoire qu'ils ont créé à partir de souvenirs, ces défunts sont tout à fait capables d'interagir avec nous. Une fois, une âme très en colère contre notre intrusion dans son monde, m'a collé une sacrée gifle. Non seulement, j'ai été secouée par la claque, mais les cinq doigts de la main étaient bien visibles sur ma joue. Cela démontre qu'une entité peut manier de l'énergie terrestre pour nous atteindre, même si elle se trouve sur un autre plan vibratoire.

Florence confirmait ainsi quelque chose que j'avais déjà lu, entendu : l'existence de phénomènes physiques et matériels initiés par des énergies de l'Au-delà ; ce que l'on nomme traditionnellement des *poltergeists*. C'était la première fois qu'un médium évoquait la chose devant ma caméra, dans le cadre austère de l'interview filmée, mais plusieurs m'avaient déjà relaté des cas similaires. Disons-le : certaines âmes ne sont guère sympathiques avec les vivants, surtout lorsqu'elles se sentent dérangées. Et lorsque j'interroge mes invités pour savoir comment une énergie éthérée peut manipuler de la matière, ils me répondent que les âmes conservent la possibilité de « descendre » jusqu'à un plan limitrophe au nôtre, et ainsi d'interagir avec des éléments du monde terrestre. Cela leur demande visiblement beaucoup d'efforts, pour se rapprocher si près, mais la chose demeure possible, surtout lorsque l'âme est animée d'une véritable force. Cela peut être l'amour, bien sûr, mais aussi la haine. Rappelez-vous ce que je vous ai relaté, en début d'ouvrage : lorsque Marie-Paule m'adresse un message *via* mon autoradio, elle agit sur l'énergie terrestre. Et si l'au-delà peut sélectionner la musique d'un autoradio, il peut sans doute coller une gifle !

À ce propos, je pense avoir été plusieurs fois confronté à des phénomènes étranges, où l'invisible s'amuse et s'en mêle. Une nuit, alors que je lisais, tranquillement dans mon lit, un ouvrage sur l'Au-delà, je tombai sur une phrase expliquant que les anges pouvaient communiquer avec nous via des sonorités ; et au même instant, la musique de ma chaîne hifi se mit à brailler, m'obligeant à me précipiter dans le salon. J'avais peut-être oublié d'éteindre la chaîne ; mais qui avait bien pu monter ainsi le son ?

Un autre jour, je recevais Isabelle Foïs, qui devait intervenir sur ma chaîne pour témoigner de ses débuts dans la médiumnité. Nous étions au café en train de préparer l'émission et je lui racontais mon parcours. Je lui faisais part de quelques détails intimes, qui selon moi marquaient le moment où ma vie avait basculé. C'est précisément le terme que j'ai utilisé, et au même moment, à l'instant où je prononçai le mot « basculé », un client se leva, faisant lourdement chuter sa chaise sur le sol. Isabelle me sourit :

— Voilà, tu as ta réponse...

De l'explication de Florence, je retenais aussi cette histoire de « bulle », dans laquelle un défunt pouvait s'enfermer. Je lui demandai alors quelques précisions.

— J'appelle cela des bulles, mais ce sont des vibrations. Cela fonctionne comme une bulle d'énergie. En fait, ces défunts se trouvent dans un monde qu'ils créent. La pensée est créatrice, sur Terre aussi, mais dans l'au-delà, c'est instantané, car le temps n'existe pas. Ces personnes s'imaginent l'Univers dans lequel elles évoluent. Du coup, ce monde leur paraît réel. C'est difficile à expliquer, j'en conviens. Mais il m'est arrivé, souvent, d'être invitée

dans la bulle. Et là, je m'aperçois que leur monde leur semble bien réel. Je me souviens ainsi d'une jeune fille, décédée dans une maison à Toulouse. Elle m'a montré sa cuisine, telle qu'elle l'imaginait, car depuis l'époque de son trépas, les lieux avaient été totalement modifiés. Mais c'était son monde, sa cuisine telle qu'elle avait probablement existé, telle qu'elle s'en souvenait. Elle m'a montré la cafetière et l'endroit où elle prenait le café. Pour elle, tout cela était réel. C'était très émouvant. Elle m'a montré les tiroirs où elle rangeait les ustensiles... C'était touchant.

Me remontait alors, à la mémoire, une séance d'écriture automatique avec Marie-Ange, dans laquelle nous avions été en contact avec ma mère. Elle m'avait dit, à l'époque, qu'elle était bien, qu'elle avait recréé sa bulle. Oui. Elle avait bien employé ce terme de « bulle ». Sur l'instant, je n'avais pas compris de quoi il s'agissait réellement. Elle m'avait dit qu'elle vivait dans un petit coin de paradis, avec sa mère, ses chats, ses chiens et mon jeune frère. Ce frère, je ne l'ai jamais connu, car il me précédait de quelques années et n'avait vécu que deux jours, étant décédé juste après la naissance. J'avais appris le drame, mais nous ne l'évoquions jamais... Bref, ce que me confirmait Florence, c'est qu'il est possible, pour une âme, de se recréer un environnement familier, une fois passée de l'autre côté. C'était donc cela qu'avait évoqué ma mère : elle avait effectivement conçu un Univers où elle se sentait bien. C'était incroyable : fantastique ! Et dire que ce monde illusoire pouvait sembler très réel, aussi concret que celui dans lequel on évolue en étant vivant. C'est une idée dingue ; assez vertigineuse quand on y songe, qui amène presque à douter de la réalité telle que nos sens la perçoivent. C'est vrai : où se situe la vérité, si nous sommes capables d'enfanter des bulles ? Heureusement que l'on possède le souffle : cela nous prouve que nous sommes bel et bien matériels !

Quelque peu déstabilisé par cette révélation, je questionnai :

— Mais ces âmes qui pensent ainsi évoluer chez elles, devraient bien s'apercevoir que tout est irréel ? Elles ne peuvent pas boire un café, par exemple ?
— Si, elles le peuvent. Si elles sont persuadées de boire un café, elles avalent un café. L'illusion peut être totale. C'est pour ça que certaines personnes peuvent se trouver bloquées dans une « bulle » et ne pas croire à la mort.
Parfois, le défunt se trouve dans une situation de trauma : il ne comprend pas ce qui lui est arrivé. Cela peut être le cas lors d'une mort violente, par exemple. Il m'est arrivé d'intervenir sur une enquête criminelle, à la demande des forces de police...
— Comme dans la série télévisée « Médium », où le FBI fait appel à des médiums pour résoudre des affaires ?
— C'est très différent en France. Rien n'est officiel et je n'ai jamais été enquêtrice de police, ou quelque chose du genre. Non, on a seulement fait appel à mes services, sur quelques cas compliqués. Dans mon dernier livre, j'évoque une affaire. J'ai obtenu l'autorisation d'en parler, sous certaines conditions bien sûr : vous pouvez comprendre que je ne peux pas faire de révélation qui pourrait nuire à l'enquête.
— Et alors, vous pouvez m'en parler ?
— Les policiers se servent de ce que je perçois pour mener leurs investigations et notamment pour confronter les témoignages des personnes incriminées. Sur une scène de crime, où je suis intervenue, j'ai pu longuement m'entretenir avec la victime, une jeune femme d'une vingtaine d'années, tuée d'une soixantaine de coups de couteau. Au début, elle était très réticente, très en colère aussi. Il a fallu que je négocie, lui donne

confiance. C'est un vrai dialogue. Puis elle a accepté de me montrer ce qui s'était passé, le déroulement de l'agression, les détails, des choses très pertinentes pour l'enquête. Voilà. Je ne peux pas en dire plus. Ce n'était pas une démarche officielle, vous comprenez. Rien de ce que je dis aux policiers ne peut être recevable devant un juge. C'est une démarche informelle. Mais je sais que ces révélations se sont avérées très utiles, ensuite, notamment lors des interrogatoires. Il y en a un qui a été très surpris de constater que les policiers savaient tant de choses !

— Comment voyez-vous la scène ? Est-ce que vous revivez le crime ?

— Quand je suis entrée dans cette pièce, encore maculée de sang, je n'en menais pas large. C'était très oppressant. J'avais revêtu le chapeau, le masque, toutes sortes de protections, pour ne pas polluer la scène de crime, et je me suis dirigée vers cette énergie, cette bulle que je ressentais. Je me suis présentée. Elle tournait en boucle dans sa bulle, très irritée. J'ai palabré. Elle s'est apaisée, un peu. Elle a accepté de me montrer, de me laisser entrer dans sa bulle. J'ai alors vu les images qu'elle générait. Elle m'a raconté aussi. J'ai ressenti des émotions. Ce sont des moments très difficiles.

— Êtes-vous accompagnée par vos guides, lors de telles interventions ?

— Toujours ! C'est obligatoire : mon guide est mon filtre. Il m'aide, me met en garde, m'accompagne, me protège. Vous savez, on possède tous des guides : il y a l'ange gardien, le guide spirituel, c'est celui qui vous aide, et les guides familiaux. Chacun son rôle !

Mais lorsque je pénètre dans l'univers d'un défunt, par exemple lorsque je m'attelle à nettoyer une maison, ou que j'essaye en tout cas, je suis toujours accompagnée d'un autre médium. Je n'y vais jamais seule, car il s'agit d'une intrusion. Il faut bien le comprendre : la personne qui y demeure ne vous a pas invités et ses réactions peuvent être assez violentes. Une fois, je suis tombée dans une maison, suite à un croche-pied, et je me suis fait très mal. J'ai été agressée. L'autre médium m'escorte pour intervenir dans ces cas-là. Il sait comment agir. Vous savez : il m'est déjà arrivé de ne pas réussir à faire partir l'entité, d'échouer. Si la personne défunte tient à sa bulle et ne veux pas concevoir sa mort, on n'y peut pas grand-chose, en fait.

J'étais très impressionné. Certaines personnes s'enfermaient donc dans des bulles de réalité divergente, par choix, comme ma mère, pour prolonger la vie terrestre et rester près de nous ; d'autres par ignorance, comme ces personnes qui ne voulaient pas admettre leur mort et refuser de voir la lumière. Florence me disait qu'il s'agissait toujours d'un choix, mais pas forcément conscient. Dans le cas de ma mère, sa volonté était assumée. Elle pouvait m'en parler. Elle disait être ainsi plus près de nous, pour veiller sur nous. En tout cas, c'était son message. Dans le cas d'entités bloquées dans des maisons, le discours était autre, car ces énergies n'avaient pas conscience d'être enfermées dans une illusion. Je me demandai alors comment une telle situation pouvait exister. Mais comme le soulignait Florence, le temps n'existe pas de l'autre côté du miroir. Ces entités tournent en boucle, dans une sorte de présent perpétuel. Aussi longtemps qu'elles croient à leur illusion, elles s'y cloîtrent, sans même s'en apercevoir.

D'autres médiums m'ont depuis raconté des histoires similaires, des rencontres inopinées avec des âmes enfermées dans une illusion intemporelle. Je dois reconnaître avoir mis du temps à réellement appréhender ce que pouvait être un présent perpétuel, car c'est une notion qui échappe à notre entendement terrestre. J'ai fini par comprendre que lorsque le temps ne s'écoule plus, les bornes temporelles, c'est-à-dire le passé et le futur dans leur entièreté, se trouvent rassemblés dans un simple instant, quelques secondes tout au plus. La vie se comprime jusqu'à ne représenter parfois qu'une action, sans réelle durée. Ainsi, cette jeune femme assassinée, qu'avait rencontrée Florence, s'était retrouvée bloquée, pendant des jours, dans une temporalité qui correspondait à son agression. Elle était toujours dans la panique, ayant eu très peur au moment ultime. Elle était en colère aussi, excessivement confuse, ne comprenant pas tout ce déchaînement de violence. Elle a rejoint la lumière depuis, libérée…

Ceux qui restent ainsi, figés dans un éternel instant, ne sont pas forcément des êtres acariâtres, attachés à une maison ou un lieu, niant obstinément la mort. Non, il y a aussi parmi eux des personnes qui n'ont tout simplement pas réalisé le trépas de leur corps biologique. Pourquoi ne voient-elles pas la lumière ? Peut-être, parce qu'elles n'y croient pas, sont résolument fermées à l'idée même qu'une telle lumière puisse exister…

Ce que disent les médiums, c'est que les âmes défuntes ont parfois besoin de nous pour se libérer de certains fardeaux, trop lourds à porter. Marie-France Cazeau-Lecorre m'a ainsi conté quelques anecdotes fort croustillantes à ce sujet. Cette infirmière de profession, aujourd'hui à la retraite, ne voyage pas dans l'astral, ni ne visite les mondes éthérés. C'est une médium classique, simple intermédiaire entre l'Au-delà et notre globe terrestre, sorte de standardiste très douée qui reçoit des messages de défunts à destination des vivants. Durant quelques années, elle a entretenu une relation avec Albert Einstein, ou plutôt avec son fantôme. Albert avait besoin d'aide. Il éprouvait de la honte pour son attitude, jadis, avec son fils Eduard ; un fils qu'il avait renié, abandonné dans un asile psychiatrique. Surtout, il n'arrivait pas à entrer en contact avec ce fils, lui-même décédé depuis de nombreuses années. Marie-France me raconta avoir vu des larmes couler le long des joues d'Albert : la situation l'attristait énormément. Marie-France servit d'intermédiaire entre les deux âmes, pour une réconciliation *post-mortem* des plus improbables. Oui, Eduard était très en colère contre ce père indigne, qui l'avait laissé à la merci des électrochocs, dans un asile sordide de Zurich ; tout cela parce qu'il était malade, seulement schizophrène avait-il dit. Marie-France me relata alors comment une petite fille, prénommée Élisabeth, fille qu'Albert avait eu avant-mariage et décédée à l'âge d'un an, avait largement contribué à réunir toute la famille dans l'au-delà. Bien sûr, Marie-France avait elle-même parlementé avec Eduard, pour qu'il pardonne à son père ; et ce dernier en fut très touché.

Autre histoire insolite : Marie-France vit débarquer, une nuit, Napoléon III en personne, au pied de son lit. Il avait besoin d'elle. Il lui expliqua longuement qu'il avait follement aimé Eugénie, sa femme, et son fils Eugène, et que sa mort en Afrique les avait tous deux effondrés. Il lui raconta aussi avoir, à ses yeux, payé très cher la défaite de Sedan et de devoir beaucoup à la reine Victoria, qui l'avait protégé alors que la France le rejetait. Il aimait l'Angleterre, où sa femme avait fait construire la crypte familiale et ne voulait pas que l'on rapatrie son corps. Voilà pourquoi il avait besoin d'aide. Christian Estrosi s'apprêtait à en faire officiellement la demande, lors du 150e anniversaire du rattachement du Comté de Nice à la France. Et comme il savait que Marie-France était la médium de Christian Estrosi, il voulait qu'elle lui passe le message : qu'il les laisse, lui, sa femme et son fils, dormir en paix dans cette crypte anglaise. Le message fut passé et Napoléon III resta en Angleterre…

Marie-France me narra bien d'autres histoires, toutes aussi extraordinaires. Parfois les défunts la sollicitaient pour régler des différends qui les poursuivaient jusque dans l'Au-delà, parfois c'était pour aider les vivants, surtout en période de deuil. Elle me parla de rencontres particulièrement émouvantes, celles de bébés partis très tôt, même avant la naissance, qui désiraient s'adresser à leurs parents pour que cessent leurs souffrances. Car ces êtres avaient fait le choix de ne pas naître ou de ne pas vivre longtemps. C'était leur volonté, m'assura Marie-France, une décision en adéquation avec un plan de vie, un chemin d'âme. Cela peut paraître étrange, mais il existe des raisons à ces choix, à ces épreuves ; et il nous faut apprendre à les respecter, renchérit-elle.

Je dois vous confesser avoir véritablement conscience de la brutalité d'un tel message. J'ai souvent l'impression que le Ciel nous demande presque l'impossible…

Au cours des années 2020 - 2021, années marquées par des confinements et des restrictions de circulation liés à la pandémie de Covid-19, j'ai cumulé les interviews, ayant focalisé mon attention sur le développement de la chaîne. Bien sûr, je n'étais pas insensible aux explications et commentaires des uns et des autres, mais le volume d'informations fut tel que je n'assimilais qu'une partie, plutôt modique, de toutes ces révélations. Ce n'est que dans un second temps, après avoir réduit la cadence, que j'ai pris conscience de l'impact réel de certaines interviews sur ma propre expérience.

Je ne sais plus si je vous ai dit avoir le sentiment de m'être lancé dans cette aventure médiatique avec l'espoir d'y trouver les réponses à mes questionnements. J'ai aujourd'hui l'intime conviction que ma démarche était en réalité bien plus viscérale que raisonnée : je ne m'étais pas mis en route pour comprendre, mais pour me retrouver. Je n'en avais pas eu conscience, au départ, mais ma vie progressait désormais en suivant ce qu'il convient de nommer un chemin initiatique. Toutes ces informations dont on abreuvait mon mental, ruisselaient jusqu'à mon âme, me transformant peu à peu. J'avais pris mon temps, n'ayant pas connaissance de la voie que j'empruntais. Les choses s'étaient mises en place presque d'elles-mêmes, sans véritable plan d'action. Elles étaient devenues naturelles, dans un processus autoalimenté. Des synchronicités, des rencontres, des interviews qui s'enchaînaient, en un mot, un gigantesque ballet s'était mis en mouvement ; et je me retrouvais dans la posture du chef d'orchestre, sans être moi-même détenteur du moindre instrument, sans avoir véritablement prescience de la mélodie qui se jouait. J'étais porté par la vague que j'avais moi-même soulevée, sans jamais y avoir songé.

Le fait aujourd'hui de rédiger cet ouvrage m'oblige à reconsidérer toutes les étapes de ce parcours, notamment celles que ma mémoire n'affichait pas au premier plan. Oui, la mémoire est très sélective : elle rythme le temps qui passe en gravant certaines pierres du chemin, sans chercher à rendre compte de la subtilité du parcours. Elle établit des repères temporels, ni plus ni moins. Je dois alors vous avouer qu'en redécouvrant une à une les vidéos de ma chaîne, le parcours m'est apparu absolument vertigineux. Cela m'a obligé à réfléchir, à ordonner ma pensée, à redécouvrir aussi, une masse incroyable d'informations qui s'était trouvée comme avalée par la cadence effrénée des interviews. En ce sens, la rédaction de ce livre fait partie de mon apprentissage.

Cela explique aussi pourquoi les chapitres de cet ouvrage ne retracent pas forcément l'ordre chronologique des vidéos sur ma chaîne. J'en ai redécouvert beaucoup lors de ce travail de mémoire qui opéra en moi comme une longue introspection.

La première interview que j'ai ainsi repêchée de l'oubli fut celle de Manuela Péré, une jeune femme qui, découvrant sa médiumnité naissante, avait livré un témoignage hésitant, ponctué de troubles et de questionnement. Je retenais alors l'extrême sincérité de ses propos. Manuela m'était apparue pleine de doutes et cela témoignait à mes yeux de sa grande intégrité. Depuis ce premier entretien, Manuela anime des ateliers sur ma chaîne. J'ai pu ainsi assister à sa montée en confiance et à l'extraordinaire étendue de ses capacités extra-sensorielles. Manuela est assurément une médium étonnante !

Lors de notre première rencontre, Manuela me relata l'événement qui avait marqué le début de sa médiumnité.

— J'ai toujours été passionnée par la médecine et ai donc débuté les études universitaires en fac de médecine, deux ans. Mais je n'ai pas réussi à franchir la sélection. Alors j'ai bifurqué vers une carrière de coach sportif. Mais je me suis blessée, à deux reprises, au genou droit, et ai dû abandonner cette voie. J'ai entamé des études d'assistante dentaire ; et c'est au cours de cette formation que j'ai été victime d'un très grave accident de la circulation. Le choc a été violent et j'ai vécu ce que l'on appelle une EMI, une expérience de mort imminente, durant laquelle j'ai compris que tous ces accidents étaient porteurs de message : je n'étais pas sur la bonne voie, j'étais en train de m'égarer. Suite à cet accident, des souvenirs sont remontés

à la surface, des souvenirs d'enfance que j'avais enfouis bien au fond de moi et qui concernaient certaines aptitudes à voir les défunts et à discuter avec. Je me suis rappelé des images de ma grand-mère qui me houspillait alors que je jouais avec une petite fille, une sorte d'amie imaginaire, mais qui était pour moi bien réelle. Toute cette mémoire a rejailli d'un coup, avec force et précision. J'avais eu une amie que les autres ne voyaient pas ; et avais fini par me convaincre qu'elle n'était que le produit de mon imagination. Et donc, grâce à cet accident, j'ai renoué avec qui j'étais, véritablement.

Honnêtement, j'ai beaucoup douté au début. Je me suis demandé si c'était ma mémoire qui me jouait des tours, si j'avais réellement vécu toutes ces choses. Mais petit à petit, mes perceptions se sont affinées, même si je ne maîtrise pas les informations que je reçois. Par exemple, il peut m'arriver de ressentir les émotions des personnes avec qui je discute et percevoir des images mentales qui correspondent à ses pensées. Cela s'est maintes fois avéré juste.

Parfois, l'Univers met en place des stratagèmes incroyables. Je me souviens, une nuit, d'avoir rêvé de la mort de quelqu'un, le père d'une amie que je ne voyais plus, depuis des années. Le rêve était fort, presque réel. Et le lendemain, cette amie me contacte, pour une raison assez futile, la constitution d'un groupe d'anciens élèves sur un réseau social, rien de bien important. J'en profite pour lui demander des nouvelles de son père : « tout va bien » me dit-elle, « il a eu un souci, il y a quelques années, mais maman veille sur lui ». Alors je ne sais plus exactement comment j'ai procédé, mais durant la conversation, je lui ai glissé qu'il fallait que sa mère fasse attention à la santé de son père. Deux jours plus tard, elle me rappelle : son père avait fait un AVC, pendant qu'elle discutait avec sa mère au téléphone et qu'elle lui disait justement de faire attention à la santé du père. Eh bien au même moment, aussi dingue que cela puisse paraître, il s'était effondré dans le salon, à quelques mètres du téléphone. Et comme sa femme a donc assisté en direct à cet accident, les secours ont été immédiatement prévenus et l'homme a pu être sauvé.

— Ce message, tu l'as donc eu en rêve.

— Une bonne partie des messages que je reçois se manifeste au cours de mes rêves. Je sais que ma mère me rend visite la nuit. Elle me parle, me raconte bien des choses sur le monde des défunts. Mais lorsque je lui pose des questions, dans mes rêves, elle ne me répond jamais : c'est frustrant. Les réponses arrivent toujours plus tard, sous forme de leçons de vie, de synchronicités ou d'événements très particuliers. C'est toujours après coup que je comprends le message, que je comprends qu'il s'agit d'une réponse à une de mes interrogations. J'ai l'impression d'être en phase d'apprentissage.

— Ce sont des rêves lucides ?

— Je ne sais pas. En fait, je rêve que je sors de mon corps et me retrouve très légère, à flotter dans les airs. Ce n'est pas systématique, mais cela m'arrive, oui. Alors je me promène, je prends de l'altitude. C'est là que ma mère me rejoint.

— Tu restes sur Terre ?

— Oui, je ne vais jamais très loin. J'ai un peu peur, je crois, de trop m'éloigner. Il m'est arrivé de pouvoir visualiser la ville, depuis un point assez haut dans le ciel. Mais la peur de ne pas pouvoir revenir me limite dans l'espace. C'est assez effrayant en fait. Car j'ai conscience de ne pas avoir mon corps physique avec moi, lors de ces voyages ; il demeure dans le lit.

— T'arrive-t-il de rencontrer des gens lors de ces virées dans l'espace ?

— Non, uniquement ma mère. La dernière fois, la semaine dernière, elle m'a montré l'image d'une femme, brune, vraiment très belle, très typée méditerranéenne. Le lendemain, j'étais avec une amie au téléphone, Alexandra, que tu connais bien, car tu l'as reçue sur ta chaîne. Bref, je lui racontais ma sortie, et lui décrivais cette femme, qui représentait, à mes yeux, la

beauté incarnée. Alexandra tiqua et me dit : « tu sais, la femme que tu décris, on dirait ma mère ». Alors, je lui demandai une photo de sa mère, et lorsque je reçus le fichier, je la reconnus : c'était elle, la mère d'Alexandra ! Et au même moment, je me suis mise à trembler, car je la voyais, aussi vrai que je te vois, là, devant moi. Elle flottait dans une lumière resplendissante. Elle ne touchait pas le sol, mais elle semblait bien réelle, si ce n'était cette lumière qui l'éclaboussait, la rendant presque magique. C'était comme une apparition, je ne sais pas comment la décrire, réelle et irréelle en même temps. Et je reçus alors une flopée d'images, comme s'il s'agissait d'un dialogue ; oui, des images, les unes après les autres, qui toutes décrivaient des mondes différents, je dirais des sphères. Mais j'étais toujours au téléphone avec Alexandra, et je lui décrivais toutes ces images, avec mes mots à moi. Heureusement qu'elle était là, au bout du fil, car elle me rassurait : je ne devenais pas folle ! Ce que sa mère me montrait, c'était la terre, avec tout autour, une multitude d'anneaux et de sphères ; et je compris qu'elle me détaillait les mondes invisibles, qui tournaient tout autour de nous. Je n'ai pas compté, il y en avait beaucoup. Et donc, elle m'expliqua le fonctionnement de ces sphères, qui correspondent chacune à une fréquence vibratoire donnée. Une fois libérées de leur corps charnel, les âmes rejoignent une de ces sphères, selon leur fréquence personnelle, qui correspond à leur degré de conscience. Il y a des âmes à tous les niveaux, même à l'étage terrestre qui se trouve au centre. Et plus les sphères sont extérieures, et plus les couleurs sont incroyablement belles, merveilleuses et éclatantes à la fois. C'est vraiment une vision magnifique. Je recherche depuis ces couleurs, mais elles n'existent pas sur Terre.

Pour moi, le message transmis signifie que nos âmes ont un travail à accomplir sur Terre et qu'il nous faut parfois de nombreuses réincarnations pour terminer notre tâche, avant de pouvoir accéder à une autre sphère.

— Hormis ta mère, tu ne vois personne d'autre ?

— Lorsque je voyage dans l'espace, non. Mais dans la journée, c'est différent. Juste après mon EMI, je crois que ma mère est venue à mon secours. Elle m'a aidée à maîtriser ce qui m'arrivait. Car au début, c'était vraiment difficile. Je voyais des défunts, partout, y compris chez moi, dans ma maison. J'avais peur, parce qu'il y a mon mari, mes enfants. Parfois, je croyais devenir folle : il y avait ce brouhaha, toutes ces âmes qui me parlaient en même temps et j'avais envie de crier « arrêtez-vous ! Laissez-moi tranquille ! ». C'était dur, je ne maîtrisais rien. Cela va beaucoup mieux depuis. Je contrôle. J'arrive à couper, à fermer le canal.

— Que racontent toutes ces âmes qui viennent te voir ?

— Je ne pense pas qu'elles conservent tous les souvenirs de leur vie terrestre. Elles expriment des émotions, qui correspondent à des moments particuliers, mais sont surtout focalisées sur ce qu'elles n'ont pas réussi à accomplir durant leur passage sur Terre. C'est toujours de cela qu'elles me parlent, du travail non achevé. Elles ont des messages aussi, pour certains vivants. Ce sont parfois des conseils, souvent des regrets, des choses qu'elles n'ont pas eu le temps de dire. Le temps aussi est très différent pour les défunts. Je me suis rendu compte que parfois, ils pensaient n'être partis que depuis quelques jours ou quelques heures, alors que cela faisait des années. D'une manière générale, ils sont dans la bienveillance. Je n'ai jamais été confrontée à une âme agressive. Je sais qu'il existe des entités malsaines, mais elles n'ont rien à voir avec les défunts qui viennent me voir et ont des messages à faire passer.

— As-tu déjà rencontré de telles énergies ?

— Non, pas vraiment. Ma mère m'a décrit leur existence. Elles errent à la surface de la Terre et se nourrissent de nos peurs. Mais je n'en ai jamais croisé.

— Penses-tu que notre destin est tracé à l'avance, ou crois-tu au libre-arbitre ?

— Je ne peux que te donner mon sentiment sur un tel sujet, car je ne détiens pas la vérité. Je crois au libre-arbitre, même si notre âme prévoit un chemin avant de s'incarner. Ce chemin est défini par rapport aux tâches à accomplir, j'en suis intimement persuadée, mais nous restons maîtres de l'expérience et de la manière dont nous réalisons ce travail. L'Univers peut nous recentrer sur notre chemin. C'est, je crois, la raison des échecs et des accidents qui ont jalonné le début de mon parcours, parce que j'avais oublié une partie importante de qui j'étais ; et du coup, de ce que j'avais à faire sur Terre. Nous avons tous une responsabilité, par rapport à notre âme et à toutes celles qui appartiennent à notre famille d'âmes, car les missions ne sont pas qu'individuelles. Mais notre travail implique le libre-arbitre, sans quoi il ne servirait à rien. Si tout était écrit, à l'avance, il n'y aurait ni regret, ni message, ni tâche à accomplir. Il n'y aurait qu'un chemin à suivre. Lorsque l'on discute avec des défunts, on se rend bien compte que nombreux sont ceux qui n'ont pas achevé l'ensemble des tâches qu'ils s'étaient fixés. C'est pour moi la preuve que le libre-arbitre existe !

Malgré une certaine candeur assez déconcertante, Manuela m'avait peut-être offert la réponse la plus pertinente sur cette question du libre-arbitre. Elle avait raison : nous avons forcément le choix, car s'il en était autrement, l'expérience n'aurait aucun sens. Pourquoi les âmes s'incarneraient dans un corps, si ce n'était pour faire l'expérience de la matière. Et qui dit expérimentation, dit tentative, épreuve, vérification, en un mot, possibilités et choix. Oui, nous possédons un libre-arbitre, plus étendu encore que certains ne le supposent. Il ne s'agit pas seulement d'une alternative entre écouter ou ne pas écouter notre voix intérieure. Nos décisions influent sur la manière de vivre les expériences proposées ; et ce faisant, elles donnent sens à l'apprentissage.

En revanche, je suis convaincu – et Manuela aussi – que nous sommes tous guidés sur notre route, par des rencontres, des événements et même des accidents ou des épreuves : nous sommes guidés, mais pas obligés !

Manuela a également proposé une vision assez détaillée des mondes invisibles, figurant une organisation concentrique autour de la Terre : une vision d'ensemble, directement transmise par un « être de lumière », en l'occurrence, la mère d'Alexandra. Cette vision me sera par la suite confirmée par une autre médium, Lulumineuse. Je demandais toutefois à Manuela si elle avait une idée du nombre de ces sphères autour de notre monde matériel.

> *— Je n'ai pas compté. En fait, la matière apparaît très sombre, au centre de ces sphères. Et ce sont des variations de couleurs, qui en indiquent les contours. Plus on s'éloigne du centre, plus les sphères sont lumineuses. Mais je ne les ai pas comptées. Et ensuite, autour des sphères, il y a la lumière, blanche et éclatante. C'est-à-dire que la Terre et ses mondes sont baignés dans un océan de lumière. Il en est peut-être de même pour les autres mondes, je ne sais pas. J'imagine que c'est ainsi.*

C'était bien la première fois que l'on me présentait la Terre entourée de halos lumineux, comme les couches d'un oignon ; chaque halo correspondant à une sphère énergétique ou un monde éthéré. Manuela disait que les âmes quittaient la Terre au moment du trépas, pour rejoindre l'une ou l'autre de ces sphères. Le voyage était pour elle bien réel, et la destination dépendait du champ vibratoire de chacun. Manuela confirmait aussi que les âmes perdaient la notion du temps terrestre, semblant désormais évoluer dans un espace où le temps ne s'écoulait que très lentement...

Bien sûr, il nous faut garder à l'esprit que chaque médium perçoit une réalité qui lui est propre, c'est-à-dire avec un filtre qui émane de sa personnalité. Tous parlent de la même chose, c'est un fait, mais chacun possède ses propres compréhensions des informations collectées ou observées ; de sorte que chaque témoignage doit être considéré comme la facette d'une réalité plurielle. Ce sont des vérités filtrées par des ressentis, des jugements, des appréciations, puis retranscrites sous la forme d'idées. Nous avons déjà évoqué cela, d'autant que les médiums en ont tous conscience. Ils précisent toujours qu'il s'agit de leur vérité et non pas d'une réalité absolue. Mais force est de constater que tous ces témoignages se recoupent en de très nombreux points. C'est rassurant. Ceci dit, certains médiums possèdent des facultés inouïes, bien plus diversifiées que d'autres. Leur vision de l'Au-delà s'en trouve alors plus élargie. C'est le cas de Sorine Andrée, une médium capable d'entrevoir les vies antérieures des âmes. Son interview marqua une étape importante de mon cheminement.

Comme beaucoup avant elle, Sorine entra dans la médiumnité à reculons, refusant d'abord d'admettre sa différence. Mais l'Univers est tenace lorsqu'il s'agit de pousser quelqu'un sur un chemin qui lui est destiné. Lui résister coûte souvent bien cher !

> — *Enfant, j'ai souffert d'être différente. J'entendais résonner dans ma tête les émotions des gens que je côtoyais et cela m'a vraiment empêché de vivre une adolescence normale. Et j'ai fini par faire un rejet de toute cette médiumnité, au point de couper le canal, à l'orée de mes 17 ans. Je ne voyais plus, je n'entendais plus, j'étais enfin libre, heureuse.*
> *L'épisode est intervenu juste après qu'une femme m'a dit que j'étais puissante et qu'il fallait que j'ouvre un cabinet et que*

j'exerce. Cela m'avait fait très peur et je crois bien que c'est cette panique intérieure qui m'a permis de couper mes perceptions pour plusieurs années. Et donc, j'ai pu vivre en paix et entamer des études universitaires, comme tout un chacun. Je voulais être psychologue et me suis rapidement dirigée vers une spécialité encore peu connue : la psychosomatothérapie. À l'âge de 25 ans, mon diplôme en poche, je décide d'ouvrir un cabinet en tant que psychosomatothérapeuthe, très confiante dans mon aptitude à aider les gens. J'ai imprimé des cartes de visite, que j'ai distribuées dans tous les cabinets médicaux, et autres, j'ai conçu un site Internet, j'ai fait tout ce que l'on fait, en pareille circonstance, lorsqu'on débute une activité. Mais aucun client ne passa le pas de la porte de mon cabinet pendant toute une année ; pas le moindre coup de fil, non plus ; rien, je n'existais pas ! C'est incroyable quand j'y pense, je n'ai même pas été contactée par le moindre curieux en quête de renseignement : c'est fou !

Un jour, une amie m'a invité à un festival de développement personnel et j'ai participé, dans le cadre de ce festival, à un atelier élaboré autour du jeu de la transformation, je ne sais pas si tu connais ; bref, tu émets une intention et tu obtiens une réponse... Et donc mon intention était « devenir psycho-somatothérapeuthe » et la réponse fut « tu devras être médium ». Je ne tins évidemment pas compte de la réponse. Je suis quelqu'un de très têtu. J'ai donc continué à me morfondre dans mon cabinet désespérément vide. Au mois d'août, un an après le début de cette aventure ratée, dans un moment d'abattement, je me suis mise à crier, toute seule dans mon salon et en direction du néant : « c'est bon, vous avez gagné, je serai médium ».

La semaine suivante, mon téléphone sonna, pour une première consultation. Crois-moi Philippe, il n'a jamais cessé de sonner depuis. Pourtant, je n'ai jamais fait de publicité autour de cette activité. Non, le bouche à oreille a suffi. Encore plus fou, je me retrouvais, dès le mois d'octobre, classée parmi les dix meilleurs médiums de l'année, sur un des grands sites consacrés à la voyance ; tout cela comme par magie. Quand l'Univers décide, il ne sert à rien de s'y opposer !

Encore une fois, Sorine témoignait de cette force mystérieuse qui nous replaçait sur nos chemins de vie, nous poussant à en accepter le parcours, malgré nos envies d'escapades. Nous étions bel et bien en mission. Mais pour qui ?

Je demandai alors à Sorine de nous parler de ses relations avec l'Au-delà.

— Quelles sont tes capacités, aujourd'hui ?

— C'est simple : j'entends, je vois et je sais. J'entends des voix qui résonnent dans ma tête ou sont soufflées au creux de mon oreille. Je vois les défunts, mais aussi les guides et les énergies attachées à des lieux ou à des objets. Et enfin, je reçois des messages sous forme de flash, la plupart du temps, des réponses à des interrogations. Je participe à des purifications de lieux, mais ce que je préfère par-dessus tout, c'est entrer dans les vies antérieures des gens. C'est comme une fenêtre qui s'ouvre et je peux y pénétrer, presque physiquement. Ce sont toujours des moments extraordinaires : j'ai l'impression de me dédoubler, ici et ailleurs, en même temps.

— Tu pars à la rencontre de ces vies ?

— En projection de conscience, oui. Un jour, j'étais en consultation avec une dame et la fenêtre s'ouvre, juste à côté d'elle. Je plonge et me retrouve dans une pièce très orientale, avec un homme en tailleur sur un tapis, un turban sur la tête et des vêtements brodés. Il est en train de méditer. Je décris, à la dame, l'homme que je vois et elle me répond « c'est drôle, mais depuis toute petite, je suis fascinée par la vie d'un sultan » et elle me donne le nom de cet homme. Au même instant, le sultan tourne la tête dans ma direction, comme s'il devine ma présence. Je pense sincèrement qu'il m'a sentie. C'était très étrange. Bref, je demande à la dame si elle peut me trouver

une illustration de ce sultan, sur Internet. Elle m'adresse une image et je le reconnais. Oui, c'était bien l'homme que je venais d'apercevoir sur son tapis oriental.

— C'est fou !

— Oui, mais c'est le genre de vécu qui me rassure, parce que je doute parfois de mes visions. Là, le doute n'est pas permis : il y a trop de coïncidences.

Je crois que notre vie charnelle, à un instant T, n'est qu'une infime partie de notre vie en tant qu'entité spirituelle. Je pense que nous sommes des êtres spirituels, façonnés par nos vies d'âme, qui, à chaque incarnation, testent quelque chose, en liaison avec les expériences passées. Nous sommes l'ensemble et nos vies sont des facettes de nous-mêmes. Et puis il y a les guides et les autres âmes, avec qui nous avons des accords, des partenariats. Nous sommes tout cela, en réalité : nous formons un bloc. Du point de vue de l'âme qui s'incarne, le temps a son importance. Il y a un avant et un après. Du point de vue de l'être spirituel, c'est moins sûr, car le temps n'existe pas pour lui. Toutes ces vies sont plus ou moins parallèles. C'est probablement pourquoi je peux y avoir accès de manière simultanée.

— Certains pensent que notre guide pourrait être une partie de nous-mêmes. Tu en dis quoi ?

— Pour moi, les guides sont des êtres à part entière. Je les vois toujours à gauche de la personne, bien distincts. Les fenêtres des vies antérieures, elles, s'ouvrent toujours à droite. Je ne sais pas pourquoi : c'est ma manière de ressentir les choses. Les défunts, c'est encore différent : je les vois comme des personnes vivantes. Mais elles ne sont pas dans le même plan que les guides, c'est certain. Je perçois la différence : ce n'est pas le même champ vibratoire, du tout. Après, je considère aussi que les guides font partie de notre ensemble. On a tendance à tout vouloir partitionner. Mais la réalité est bien plus compliquée. Nos guides font également partie de nous, parce qu'ils sont attachés à nous, pour toute la vie. Donc, je ne sais pas.

Peut-être que notre Soi supérieur réunit le tout. Je ne sais pas. Nous sommes des êtres complexes, composés à la fois de nos expériences, de nous, de nos guides. Il y a toujours un guide principal et des guides secondaires. Mais le tout forme un ensemble, réunissant différents plans. Je vois cela comme une orange, c'est-à-dire un tout, divisible en quartiers. C'est une image bien sûr, mais elle signifie que rien ne peut exister sans le tout, et en même temps, que chaque quartier peut être considéré indépendamment du tout.

Il y avait beaucoup d'informations dans les descriptions de Sorine. Une multitude de choses, dont je n'avais pas mesuré toute la portée à la première écoute. À commencer par cette hypothèse de pouvoir s'introduire dans des vies antérieures et non seulement les visionner. Quelle étrange idée ! Mais compatible avec une conception d'un temps qui n'existerait pas en dehors de notre espace-temps : la fameuse éternité divine, dont on a déjà parlé. Le temps s'écoule de notre point de vue d'âme incarnée. Mais si l'on se place en dehors de ce monde fait de matière, alors tout se confond ; tout devient accessible, en même temps : le passé, le présent, le futur, toutes nos incarnations. C'est difficile à concevoir, du point de vue de la matière en tout cas. Mais cela rejoint le concept que Philippe Bobola avait avancé : l'existence d'un jumeau en dehors du temps.

Pour Sorine, il n'était toutefois pas question d'un jumeau, au sens littéral du terme, mais de nombreuses énergies conscientes constituant un ensemble. Elle avait insisté sur le fait que nos expériences, c'est-à-dire nos vies incarnées, faisaient partie d'un tout, comme des énergies à la fois distinctes et inséparables. Il y avait aussi ce que d'autres appellent des familles d'âmes, c'est-à-dire des consciences avec qui nous sommes liés, dans un cheminement commun. C'est drôle, j'emploie encore ce terme de « nous », mais ne sais plus vraiment à quoi il correspond. Qui sommes-nous réellement ? Une sorte d'orange composée de quartiers ? N'ai-je donc un sens qu'en tant que quartier de quelque chose de bien plus vaste ; et en relation avec d'autres ?

Durant cette interview, Sorine me confia voir beaucoup de monde autour de moi. Ce n'était pas la première fois qu'on me le disait. La médium et chamane Cécile Debanne, que j'avais reçue en présentiel dans les premières semaines de ma chaîne, m'avait déjà confié distinguer une bonne dizaine de défunts à mes côtés, lors de l'entretien. Elle en avait décrit quelques-uns, dont Marie-Paule. Je ne fus donc pas surpris par les propos de Sorine. En fait, c'est plutôt elle qui était stupéfaite de me voir aussi bien accompagné. Je lui demandai alors, si elle percevait mon guide.

— Oui, je le vois.

— Peux-tu me le décrire ?

— Si tu veux. Il y a vraiment beaucoup de monde derrière toi, tu sais, beaucoup de défunts qui t'assistent, te supportent. Il y en a à tes côtés et derrière. Tu as plusieurs guides, aussi. L'un semble être ton guide principal. Il est très grand, avec une énergie très masculine. Oui, c'est un caractère affirmé, très dominant, capable de taper du poing sur la table, si je puis dire, enfin pas colérique, non, plutôt fort et décidé...

— Tu me décris là !

— Cela fonctionne souvent de pair. C'est pour cela que je n'ai pas trop envie d'entrer dans le détail à l'antenne, cela peut glisser sur l'intime : tu comprends ?

Mais oui, je le vois très puissant et très grand, pas de taille humaine, non, beaucoup plus grand, carrément géant. Il porte la barbe, des sourcils fournis, possède une mâchoire carrée.

Ses traits sont bien dessinés, assez saillants : ils expriment la volonté, la détermination... Je n'en dirais pas plus.

Sur l'instant, cela me suffisait. J'étais même ravi de pouvoir ainsi visualiser mon guide : ce n'est pas donné à tout le monde, vous en conviendrez !

En y réfléchissant, il me faut admettre que cette belle description ne correspond qu'à la réalité de Sorine. C'est l'image qui lui a été donnée de voir, la manière dont mon guide s'est présenté à elle. Si j'en crois la plupart des médiums, les êtres de lumière sont des énergies, qui épousent des apparences dont les caractères dépendent de l'observateur, de la manière dont celui qui voit les conçoit. Souvenez-vous : Aline Peugeot avait aperçu un chérubin au pied de son lit !

Le témoignage suivant illustre parfaitement le propos. Il nous vient d'un homme, Vincent Hamain, ayant vécu l'une des plus longues expériences de mort imminente (EMI) qu'il m'ait été donné d'entendre. C'est un récit extraordinaire, Vincent étant resté en état de mort clinique près de 45 minutes sur sa table d'opération : 45 minutes, pour un voyage dans l'Au-delà qui lui a semblé durer plus d'une année. Mais Vincent est croyant au sens chrétien du terme. Il a été élevé dans la religion catholique et certaines de ses visions reflètent indéniablement sa foi. Cela ne signifie pas que Vincent n'a pas ressenti ce qu'il nous décrit. Non. Mais comme le cerveau humain opère tel un filtre, retranscrivant des émotions ou des perceptions en des termes qui lui sont compréhensibles, les images perçues ne sont parfois que des métaphores explicatives d'une réalité qui pourrait épouser d'autres formes si l'observateur était autre. La vérité de Vincent n'est peut-être pas la vérité de tout le monde. Ceci dit, elle reste juste. Je l'ai précédemment dit : chacun livre sa conviction, qui n'est qu'une facette d'une réalité plurielle. Ce que nous raconte Vincent n'échappe donc pas à la règle : mais tout est authentique et conforme à l'expérience qu'il a vécue ! Cela, j'en suis sûr.

— Vincent, peux-tu nous raconter ton voyage dans l'Au-delà et ses circonstances ?

— Tout a débuté en octobre 1999, sur une table d'opération. Je me trouvais là, suite à un grave problème cardiaque, puisqu'il fallait m'opérer de la valve mitrale. Cette opération était alors considérée comme une grande première européenne, les chirurgiens expérimentant une nouvelle technique d'intervention sur cette valve. Il y avait autour de cette table un grand professeur, fraîchement débarqué du Canada, et une demi-douzaine de praticiens français. Bref, il s'agissait d'une intervention risquée, de microchirurgie, très minutieuse et donc très longue, puisqu'elle était prévue pour durer une dizaine d'heures. Alors tout se passa fort bien. La valve défaillante fut reconstruite, l'ensemble replacé dans le bon ordre et la poitrine recousue, lorsque subitement, une hémorragie interne fut détectée. En réalité, une suture a cédé et le sang s'est échappé par la veine cave. Et donc très rapidement, le cœur s'est arrêté de battre, puis quelques minutes plus tard, le cerveau indiqua un encéphalogramme plat. Autrement dit, j'étais cliniquement mort. Alors vous imaginez bien la scène : panique à bord, il faut rouvrir dans l'urgence, trouver le problème, le résoudre, mais bon, tout cela demande du temps, j'étais en phase postopératoire, il fallait recommencer la procédure. Les chirurgiens ont fait leur maximum, mais je suis resté dans cet état de mort clinique pendant 45 minutes. Pour terminer cette description de l'intervention chirurgicale, je sais que les chirurgiens ont même hésité à me ranimer, pensant que mes lésions cérébrales seraient trop conséquentes et totalement

irréversibles : 45 minutes sans oxygène, c'est très destructeur ! Mais comme il s'agissait d'une grande première européenne, tous avaient besoin d'un succès, même relatif. Ma mort effective en cours d'opération aurait probablement mis un terme à cette technique. Ils n'avaient guère le choix : il fallait me ranimer, malgré les risques.

Tout cela, je l'ai appris en temps réel, au fur et à mesure des événements, car lorsque mon cœur s'est arrêté de battre, je n'étais plus dans mon corps. Je regardais la scène depuis le dessus et je voyais toutes ces personnes en blouse qui s'agitaient. J'entendais des bribes de phrases, des pensées aussi : c'était la panique, ils venaient de me perdre. Je sentais la peur, le doute qui s'installait. Alors comprenant que l'on parlait de moi, je me penchai sur ce corps allongé : c'était le mien ! À cet instant, je compris que j'étais mort et en fus fort surpris, car je me sentais bien, sans aucune peine ni souffrance. Mon esprit était partout à la fois et je concevais l'espace à 360°. J'étais heureux, heureux de constater que les Évangiles avaient raison et que la mort ne marquait pas la fin de toute chose.

J'entendis soudain une conversation entre un homme et une infirmière, en provenance d'une autre aile de la clinique. L'homme se plaignait, car il avait été amputé au-dessus des genoux, alors qu'on lui avait assuré qu'il le serait en dessous. Et il rouspétait, car les prothèses qu'on lui avait commandées n'étaient plus adaptées. Cette conversation, très spécifique, fait partie des preuves indiscutables, qui attestent de ma sortie consciente hors du corps. J'ai pu tout vérifier par la suite : 150 mètres séparent le bloc opératoire, où je me trouvais, de la chambre de cet homme !

J'ai ensuite perçu un tunnel, juste devant moi, comme un long corridor fait d'énergies, tourbillonnantes sur elles-mêmes, accompagnées de sons puissants et mélodieux. Et j'ai vu la lumière se rapprocher de moi, à moins que ce soit moi qui allais vers elle, je ne sais pas, et débuta ce que je nomme sans hésitation le plus beau jour de ma vie. Je pénétrai une pièce immense, sans limite, baignée d'une lumière très blanche et très douce et j'ai ressenti l'amour au fond de mon être : un amour incommensurable. Alors, je vis tous les moments importants de ma vie, exposés là devant moi. Je ressentis les émotions de ces moments et, à travers elles, je compris qui j'étais fondamentalement. C'est pour moi difficile d'expliquer ce que l'on ressent, exactement, face à nous-même. Il faut apprendre à se pardonner ses erreurs, les souffrances que l'on a perpétuées. Et puis on découvre aussi toutes ses mémoires antérieures, je veux dire celles de nos vies antérieures. Car à cet instant, je compris que j'avais déjà été incarné à de multiples reprises. La Bible ne nous le dit pas, mais nous n'avons pas qu'une seule vie sur Terre : nous en avons une multitude. Ces mémoires ne sont pas équivalentes aux souvenirs : ce sont des « mémotionnelles », c'est-à-dire les mémoires des émotions de l'âme. C'est quelque chose de réellement fabuleux, car toutes ces sensations forment comme une immense bibliothèque de tout ce que l'on a vécu au fil de nos vies, de qui on est, véritablement. Quel chemin avons-nous tous parcouru ! Pour être franc, certains épisodes de cette histoire qui est la nôtre sont durs à accepter. Cela fait parfois mal, car nous ne comprenons pas toujours pourquoi nous sommes incarnés et ce qu'il convient de faire, dans certaines circonstances. Il n'y pas de juge, pas de public, pas de regard extérieur. On est face à nous-même. Mais cela est tout aussi pénible. Il faut apprendre à se pardonner.

Je pense qu'une majorité de personnes passe par cette étape. La suite est probablement plus personnelle. J'imagine qu'elle dépend du niveau vibratoire de chacun. En ce qui me concerne, j'ai été rejoint par trois personnes, très lumineuses. Les silhouettes étaient humaines, mais elles rayonnaient d'une manière incroyablement belle. Je n'ai pas les mots. Je reconnus alors un ami parmi elles, un camarade avec qui j'avais été très proche

et qui était parti quelques décennies plus tôt d'une tumeur au cerveau. Il me dit « bienvenue, tu n'es pas mort ». J'étais étonné, car persuadé d'être bel et bien mort, mais il répéta la phrase, avec amour, en me précisant qu'il allait être mon guide.
Je n'ai pas réellement eu l'impression de me déplacer à travers les plans, mais plutôt de voir défiler devant moi des paysages différents. En premier lieu, mon ami me montra ce que je compris être le bas-astral, ou quelque chose comme cela. Je me retrouvai face à un mur, très haut, très large, tout luisant et même dégoulinant, comme s'il suait. J'éprouvai une forte répulsion face à ce mur suintant, comme si une horrible odeur s'en dégageait. J'eus l'impression d'y ressentir toutes sortes d'émotions très négatives, un profond mal-être doublé d'un dégoût certain. Puis, mon ami m'entraîna à travers une faille de l'autre côté du mur. Quel choc ! L'Univers s'aplatit soudainement, comme s'il avait perdu une dimension et que tout y était superposé sur un même plan. Je sentais la haine et le désarroi émaner de cet endroit sordide, sans perspective ni relief. C'était horrible. J'entendais les vociférations de toutes ces âmes enfermées dans leur propre haine d'elles-mêmes, se refusant à toute compassion. Et je songeai que si c'était cela, l'enfer, il était encore plus terrible que tout ce que j'avais imaginé. Mais mon ami me souffla alors, par la pensée, qu'il existait un endroit pire que celui-là, une sorte de puits où les âmes les plus fermées à la lumière divine, finissaient par être abandonnées à leur triste sort.
Nous ne sommes restés qu'un très court instant dans ce monde déstructuré. Je pense qu'on me l'a montré pour que je puisse plus tard témoigner de son existence.
Ensuite, j'ai découvert des sphères d'amour et de beauté infinis. Il m'est très difficile d'en parler, tant les mots manquent. J'ai vu l'harmonie. J'ai réalisé que nous évoluons sur Terre dans une illusion très imparfaite d'une réalité sublime ; une pâle copie, assez grossière, d'un monde absolument mirifique. La réalité se trouve de l'autre côté du miroir, pas sur Terre !

Je comprends aisément que mon message puisse paraître assez inaudible. On a tellement l'impression d'exister avec ce corps matériel que l'on ne peut pas imaginer que l'immatériel puisse sembler plus réel. À vrai dire, de l'autre côté, on a tous un corps bien réel. Il s'agit peut-être d'un corps éthéré, mais comme tout vibre pareillement, tout est aussi palpable que sur Terre. On peut toucher les autres, les arbres, les objets. On ne passe pas à travers. Tout a une consistance.

Autre chose, les âmes ne se fondent pas dans un océan d'amour, où elles perdraient leur personnalité. On l'entend souvent dire, mais ce n'est pas la réalité que j'ai perçue. Du tout. Chacun reste lui-même. Chacun se baigne dans une énergie d'amour, incommensurable ; une énergie divine qui a toujours existé, qui existera toujours, et qui enfle de surcroît, qui grandit. Alors, au contact de cette énergie divine, nos âmes oublient le malheur, la peine, tout ce qui est souffrance ou tourment. Elles évoluent dans des décors fabuleux et reçoivent en permanence de l'amour. Je ne sais pas comment expliquer ce genre de chose, mais le bonheur que j'ai ressenti n'a rien de comparable à ce que j'ai éprouvé dans ma vie terrestre, malgré toutes les joies que l'on peut connaître sur Terre. Rien n'est équivalent à l'amour divin. Dans ces plans énergétiques, tout est énergie : les arbres, l'herbe, chaque roche ; tout ce que l'on voit, ressent, touche. Et toute cette vie, car tout est vivant, déborde d'amour.

Et puis, à un moment donné, j'ai aperçu une grande arche lumineuse à l'entrée d'une closerie merveilleuse. Je me suis approché, attiré par la beauté de cette lumière incroyable. Et là, au milieu de cet éclat sans nul autre pareil, j'ai vu la Vierge Marie. Je l'ai vu, Philippe, comme je te vois. Elle m'a pris les mains et j'ai été pénétré d'un amour prodigieux. Et en même temps, j'ai reçu un flot d'informations à la fois déroutant et fascinant. Marie m'a annoncé une prochaine étape pour l'humanité. Elle m'a confié qu'elle n'aimait pas ce que l'on avait fait d'elle, car elle demeure très accessible à tous. Elle est présente pour chacun de nous, partout, dans notre quotidien... J'ai également aperçu d'autres plans encore plus magnifiques, totalement indescriptibles. Mon ami, toujours resté à mes côtés durant mon voyage, m'a expliqué beaucoup de choses ; j'en ai oublié une grande partie. Je sais que là-haut toutes les civilisations se rejoignent, humaines et non-humaines, mais de tels niveaux ne m'étaient pas accessibles. Mon ami m'a alors rappelé qu'il fallait que je réintègre mon corps, car je n'étais pas mort. Sur l'instant, j'ai résisté : j'avais connu de tels états magnifiques que la perspective de me retrouver enfermé dans un corps aussi limité ne pouvait me satisfaire. Puis, je me souvins de ma famille, de mes enfants, de mon rôle auprès d'eux, et j'acceptai de rentrer. Ma dernière vision de l'Au-delà : c'est moi face à ce corps, moi qui me disais que jamais je n'arriverais à rentrer dans ce qui me semblait n'être qu'un gant très étroit. Puis juste après, j'ai ressenti la pesanteur, comme une douleur, car ce corps me sembla incroyablement lourd...

La suite de l'interview fut consacrée à l'après EMI, c'est-à-dire au parcours intime de Vincent, suite à cette expérience pour le moins bouleversante. Vous ne serez pas étonnés d'apprendre que la vie de Vincent fut transformée par cette aventure dans l'Au-delà. C'est en réalité une constante chez tous ceux qui ont vécu une telle expérience aux frontières de la mort ; et elle s'explique aisément.

Les jours suivants, je ressassais les éléments du récit, car plusieurs points m'avaient ébranlé. Il y avait tout d'abord cette description d'un bas-astral aux allures infernales, présenté comme une sorte de bourbier infâme, délimité par un mur suintant la haine. Vincent avait ressenti la peur, l'agressivité, la colère qui émanaient de cet endroit sordide, où des milliers d'âmes étaient comme engluées, pêle-mêle. Il avait frissonné au souvenir de ce cloaque ; et j'avais perçu la sincérité de sa vision. La question qui me taraudait était de savoir si un tel lieu existait vraiment, ou s'il s'agissait d'une interprétation de quelque chose d'émotionnellement chargé. Souvenons-nous que la pensée est créatrice dans l'au-delà : tous les médiums le disent ! N'oublions jamais que la réalité des uns n'est probablement pas celle des autres.

Vincent avait ajouté, lors de nos discussions, que ces âmes pouvaient s'extraire de la fange grouillante, en apercevant la lumière, car il avait vu des « êtres de lumière » essayer de s'adresser à cette masse informe, d'ouvrir les consciences prisonnières de leur propre haine, et ainsi de les « repêcher ». De toute évidence, il s'agissait là d'une vision très biblique de ce qui ressemble, vous en conviendrez, à un purgatoire. Comprenez alors ma gêne face à une telle description. Je n'affirme pas la chose impossible. Je me méfie seulement du pouvoir des croyances sur les perceptions et les ressentis. Et force est de constater que cette vision, très particulière, n'est absolument pas partagée par l'ensemble des médiums.

On en retrouve toutefois trace dans l'ouvrage *Nosso Lar* de Chico Xavier, où le héros-défunt est confronté à l'errance dans un grand marécage peuplé d'âmes en peine, avant d'apercevoir la lumière et de s'élever, quittant alors l'horreur d'un plan de désolation, où tant d'autres croupissent. Le récit de Mireille Darc contient, lui aussi, quelques éléments susceptibles de coller à ce scénario, puisqu'elle raconte avoir traversé un marais empli de parasites, avant de réussir à s'y extirper en s'élevant en vibrations... Mais ces quelques exemples ne peuvent suffire pour confirmer l'existence d'un tel endroit, dans la mesure où cela reste l'esprit humain qui relate toutes ces choses. Il peut alors s'agir d'une interprétation de ressentis, déformée par le filtre de la religion.

À cet égard, je n'ai pas décelé le moindre indice d'une telle dimension infernale dans les ouvrages de Dolores Cannon ou de Neale Donald Walsch. Or, ces œuvres, au retentissement planétaire, demeurent des références indiscutables en matière de spiritualité. De même, aucun des médiums que j'ai reçus sur ma chaîne, n'a attesté de la réalité d'un tel purgatoire. Le bas-astral est une évidence pour tous, certains le qualifiant d'espace rebutant, mais aucun ne le décrit réellement sous la forme d'un cloaque infâme sans relief ni structure !

Et que penser de ce mur répugnant, suintant la haine, que Vincent a décrit ?

Pour approfondir la question, je décidai d'évoquer ce passage du récit avec « Mister John ».

> — *Les murs, me dit-il, sont toujours des symboles de changement de plan. Ce sont des limites, qui existent et qui se matérialisent sous la forme d'une séparation. Chris Mila m'a raconté avoir rencontré une sorte de membrane vivante, qu'elle ne pouvait franchir. C'était une barrière insurmontable. Plusieurs fois, elle tenta d'y passer la main, mais la résistance était trop importante et ses doigts ne pouvaient s'y enfoncer. Vincent parle d'un mur dégoûtant, suant la peur et la violence. Il s'agit d'une autre sensation, exprimant une limite. C'est pour cela que je parle de symbole, car la manière de percevoir ces frontières entre les dimensions nous appartient. Je veux dire que nous ressentons les énergies et ces barrières correspondent à des densités énergétiques différentes. Dès lors, on peut effectivement les interpréter comme des murs, des membranes ou des*

cloisons, plus ou moins tangibles. La perception dépend aussi de l'endroit où se trouve cette limite. Si elle marque la frontière avec un plan inférieur du bas-astral, alors elle peut véritablement apparaître immonde.

Je lui demandai alors, ce qu'il pensait de la vision d'un purgatoire.

— La pensée est créatrice. De l'autre côté, tu vois ce que tu veux apercevoir. C'est la même chose ici-bas, en réalité, car le monde dans lequel tu évolues est à ton image ; mais la matérialisation de tes pensées n'est pas directe. Sur les plans énergétiques, il n'existe plus de délai entre ta pensée et sa concrétisation. Ton âme crée alors, instantanément, l'expérience qu'elle veut vivre.

— L'Enfer n'existe pas ?

— Il peut exister pour toi. Certaines âmes s'enferment dans des bulles et ressassent sans cesse des événements dramatiques, dans un éternel présent où le temps ne s'écoule plus. Ces âmes-là peuplent le bas astral et se nourrissent des énergies qu'elles phagocytent. Tu peux appeler cela l'Enfer, si tu veux. Parfois, on entend dire que toutes les âmes sont en capacité de regagner la lumière. C'est sûrement vrai. Mais je crois à l'existence du karma. C'est l'esprit qui crée l'extériorité. Cela signifie que si tu te nourris du Mal, tu rayonnes le Mal. Et ton monde, qui n'est que le miroir de toi-même, te renvoie ce mal. Je sais que ces notions sont très difficiles à comprendre, parce que, dans la matière, les relations de cause à effet sont distendues. Mais ce n'est pas le cas dans les plans énergétiques, où tout est vibrations et se crée à partir de ces vibrations.

« Mister John » avait raison : ces concepts me semblaient très énigmatiques. J'avais accumulé des tas d'indices ; mais leur agencement dans un schéma explicatif global restait une opération incroyablement complexe.

Florence Hubert avait plusieurs fois évoqué l'existence de ces « bulles » dans lesquelles s'enfermaient certaines âmes tourmentées. Cela pouvait durer une éternité, le temps de l'illusion, avait-elle affirmé.

Vannina et Alexandra avaient toutes deux attiré mon attention sur le fait qu'il ne fallait pas considérer le parcours de l'âme sous l'angle de notre morale judéo-chrétienne. La notion de Bien et de Mal était bien différente dans l'Au-delà. Même le concept de karma n'était pas celui que prétendent les textes sacrés de l'Inde ou du Tibet. Nous étions sur Terre pour un apprentissage ; et celui-ci pouvait passer par des sentiers tortueux. Attention, je ne dis pas qu'il faille pour autant dédouaner les âmes des atrocités que certaines sont capables d'accomplir. Non, je ne peux me résoudre à cette idée. Mais il est possible que certaines expériences assez négatives fassent partie du cheminement de l'âme. C'est en tout cas ce que suggéraient Vannina ou Alexandra. D'ailleurs, ceux qui ont vécu une EMI ont tous précisé n'avoir rencontré ni juge, ni assesseur. Ils se sont retrouvés face à eux-mêmes, à leurs actions et à leur chemin de vie. Ils ont tous ressenti le besoin de se juger et de se pardonner leurs erreurs. Si la morale terrestre ne constitue peut-être pas le code de référence, la manière dont chacun progresse au fil des incarnations semble être l'élément capital de ce jugement. Oui, c'est le chemin qui importe, l'apprentissage, la montée en vibrations...

Je repensais alors à ce passage, où Vincent avait sous-entendu l'existence d'un châtiment bien pire que celui du purgatoire : une sorte de puits de l'oubli, comme une mort définitive. Cela me paraissait fort étrange ; en contradiction même avec l'idée d'un amour divin, inconditionnel.

Comment Dieu, pourrait-il abandonner certains de ses enfants ?

Je me rappelai aussi Sorine et son hypothèse d'une pluralité de l'âme, comme les quartiers d'une orange qui représenterait l'être spirituel. L'idée est séduisante. Mais alors : serait-il possible que toutes les parties n'essayent pas d'aider les autres, afin de conserver la cohérence de l'ensemble ? Doit-on entrevoir la possibilité, qu'au retour d'une incarnation, une âme puisse se perdre au point d'être définitivement abandonnée par les autres parties qui forment l'être spirituel, le reste de l'orange ? À vrai dire, cela me semble impossible. Je suis davantage enclin à penser que tous ces êtres de lumière qui tentent de récupérer les âmes enfermées dans leur bulle, soient justement les autres bouts d'un même tout. Oui, cette vision me plaît bien : cela me semble cohérent. Du coup, il me faut considérer la vision de Vincent comme une interprétation, conditionnée par l'idée d'un Dieu vengeur et châtieur. Je ne dis pas qu'il n'a pas vu ces choses ; je suggère qu'elles forment sa vérité.

Cette conception va de pair avec l'évocation de la Vierge Marie. La pensée est créatrice, avait rappelé « Mister John », créant le monde extérieur. Ma propre mère avait créé un monde à sa mesure, dans l'Au-delà, entourée des siens dans un petit coin de Paradis. Si cela était concevable, tout l'était ! Et Vincent avait donc réellement pu s'entretenir avec Marie, dans une closerie merveilleuse, baignée de lumière.

Mais pour se bâtir un tel monde, il fallait probablement « monter » en vibrations. C'était peut-être cela, le secret du Paradis. Oui, qu'est-ce qui différencie l'âme acariâtre, attachée à sa maison et refusant la mort, de celle qui se bâtit un petit coin de paradis, si ce n'est la conscience d'agir ? La première subit les événements, en refusant d'y croire ; la seconde accepte le trépas terrestre et embrasse un ailleurs…

Je vous ai déjà dit avoir cumulé les interviews au début de ma chaîne et de n'avoir pas toujours eu conscience de la portée de ce que l'on me racontait. C'est compréhensible, il m'a fallu parcourir un long chemin, pour être capable d'envisager certaines éventualités. Je suis bien plus aguerri à présent.

En remontant le fil des premières interviews, je tombai alors sur une ancienne vidéo avec Lulumineuse, où justement, il avait été question de l'au-delà. Elle contenait des tas de réponses, sur le parcours des âmes, les différents plans dimensionnels, le travail des défunts, les réincarnations, les guides ; mais j'avais alors bu le discours de Lulu comme s'il s'était agi d'un conte merveilleux, d'un voyage dans le monde magique du surnaturel. Il était temps, pour moi, de réécouter attentivement ce magnifique entretien !

Lulumineuse est une médium célèbre, en France, mais aussi à l'étranger. Elle consacre désormais sa vie à partager son expérience en matière de spiritualité. Lulu possède des capacités extraordinaires, lui permettant de voir les défunts, de correspondre facilement avec ses guides, d'effectuer des sorties astrales, etc. Sa connaissance des mondes invisibles est colossale. Aussi, pour cette interview, je souhaitais qu'elle explique précisément ce qui se passe au moment de notre mort biologique.

— Lulu, quand nous mourrons, où allons-nous ?

— Nulle part, me répondit-elle en riant. Non, la vraie question serait plutôt : quand nous vivons, où allons-nous ? Parce que

la vie nécessite l'incorporation de notre âme dans une enveloppe physique, attachée à un lieu, à une famille, à une histoire. Notre réalité matérielle n'est qu'une illusion. Derrière le miroir, comme on dit, il existe d'autres réalités. En fait, j'aurais tendance à dire : quand on meurt, on se réveille !

Mais ce réveil peut être très différent, d'une personne à l'autre, car la façon de mourir ou le chemin parcouru déterminent l'endroit où nous allons.

— La manière de mourir a donc un impact sur la suite ?

— Bien sûr. Si la mort est soudaine, elle peut ne pas être comprise ni acceptée. Dans un tel cas, le défunt demeure à l'endroit où il est mort, dans un corps éthéré qui lui semble très réel. Il s'enferme alors dans une bulle de réalité virtuelle. Et comme le temps ne s'écoule plus, pour lui, il peut rester indéfiniment dans cette situation, vivant un éternel présent.

— Comment est-il possible de ne pas se rendre compte de sa propre mort ?

— Tu es énergie et celle-ci est immortelle. C'est sa projection dans la matière que tu considères aujourd'hui comme vivante, mais ce n'est qu'une projection. Tu es vivant parce que ton énergie est. Tu comprends ? C'est ta conscience qui se projette, ton énergie vitale. J'ai déjà rencontré des personnes, décédées suite à un accident, qui refusaient d'accepter la situation et revivaient inlassablement l'accident, et ce depuis des décennies. Un suicidé peut également se retrouver dans une situation similaire, car si la mort est très soudaine, elle peut passer inaperçue. Elle n'est pas douloureuse. À l'instant T, tu te retrouves dans ton corps éthéré, c'est tout ! Si tu es en mouvement, tu peux poursuivre le mouvement. Tu es seulement en dehors de ton corps. Faut-il encore en avoir conscience ! Je t'assure : il m'est souvent arrivé de discuter avec des défunts qui m'affirmaient qu'ils n'étaient pas morts !

— La plupart des gens meurent quand même en conscience, non ?

— Oui, heureusement ! Beaucoup vivent ce passage comme un éveil. Ils s'envolent, si je puis dire, vers des sphères d'accueil, toujours accompagnés par d'autres âmes.
Ensuite, tout va dépendre du niveau de conscience de l'âme défunte, c'est-à-dire de sa compréhension de ce qui se passe. Certaines peuvent retrouver une identité très complète, avec de nombreuses vies antérieures ; d'autres n'auront qu'un petit aperçu de leur cheminement. Bien sûr, tout le monde ne va pas au même endroit. Notre conscience vibre selon une fréquence, liée à notre degré d'éveil ; et cette vibration détermine l'endroit où l'on se rend. Il existe ainsi différents mondes, chacun défini par une fréquence.
Est-ce que tu connais le livre Nosso Lar *? Eh bien, il contient une description assez réaliste de certaines sphères, et notamment de ce que l'on appelle « l'hôpital », où les âmes sont réparées. Dolores Cannon en parle aussi dans ses ouvrages. C'est un endroit très particulier, souvent représenté par de longs bâtiments très lumineux, où les âmes sont soignées, débarrassées de leurs tourments, et les corps subtils harmonisés.*
— As-tu vu cet endroit ?
— Oui, je m'y suis déjà rendue en projection de conscience. Il n'y pas que l'hôpital, dans ces mondes, il existe aussi des sortes d'université, où les âmes reçoivent de l'enseignement.
— Mais ces mondes, sont-ils tangibles ?
— Oui, si tu vibres à la même fréquence que le monde où tu te trouves, il est palpable ! En fait, tes corps sont tes véhicules : le corps biologique pour la matière terrestre, le corps éthéré pour l'astral, d'autres corps subtils pour d'autres mondes. Mais chacun existe sous une forme tangible dans son environnement approprié. L'âme fait le lien entre tous ces corps, tous ces véhicules. Elle est énergie. Elle traverse toutes les fréquences. Mais tes véhicules existent bel et bien, dans chaque fréquence adéquate.

— Et donc, nous avons une existence réelle dans ces mondes, c'est bien ça ?

— Tu existes réellement dans ces autres dimensions. Tu n'es jamais seul ; et la mort n'est pas un repos éternel. C'est une autre vie, avec un apprentissage, des choses à faire, des envies de découverte. Tu peux, par exemple, consacrer du temps à l'accompagnement d'âmes nouvellement débarquées, mais aussi à apprendre sur toi-même, en recevant les conseils d'âmes plus avisées…

— Mais alors, pourquoi s'incarne-t-on ? Pourquoi allons-nous vers la matière ?

— Parce qu'on le veut ! Parce que c'est notre parcours ! Imagine, Philippe, toutes les incarnations que l'on a déjà vécues ; tout ce chemin, toute cette progression. On vient tous du règne animal : c'est une très longue route, en réalité, sur laquelle on avance pas à pas. Mais en tant que pèlerins, nous avons tous des choses à finir, des choses à réparer aussi, des limites à surpasser. L'âme a conscience de tout ce qu'il lui faut apprendre ; et elle s'incarne pour se perfectionner. Non seulement, l'apprentissage est plus rapide dans la matière, mais on se trouve tous au milieu d'un cheminement inachevé, qu'il nous faut poursuivre. Ce n'est pas une obligation, c'est une envie : l'envie de connaître la suite du chemin.

La suite de l'interview avait été consacrée à des notions que l'on a déjà longuement évoquées dans cet ouvrage – le temps, les guides spirituels… –, je n'y reviendrais pas. Non, je voulais juste vous faire part de cette description de l'Au-delà, parce que je la trouve radieuse, établissant le lien avec les récits des EMI et les propos des autres médiums ; parce qu'elle éclaire ma compréhension de l'Univers et de la place qu'on y occupe.

CHAPITRE 7

Qui sommes-nous ? Pourquoi sommes-nous ?

Quel chemin mes amis ! Qu'elles me semblent loin mes premières expériences d'écriture automatique avec Marie-Ange ou Jean-Toussaint ! Oui. Mon monde a radicalement changé, et moi avec : preuve que l'on construit bien sa réalité, même dans cette vie matérielle.

J'ai intitulé ce chapitre « Qui sommes-nous ? Pourquoi sommes-nous ? » parce qu'il s'agit des deux questions les plus fondamentales que se pose l'humanité depuis la nuit des temps. Et sans prétention aucune, je pense que les témoignages rassemblés dans ce livre offrent quelques éléments de réponse. C'est mon intime conviction, ma vérité.

« Je pense donc je suis » avait formulé René Descartes au XVIIe siècle. Curieusement, la formule me saute à l'esprit alors que je m'apprête à rédiger ce chapitre. La maxime m'interpelle, probablement parce qu'on nous a tous enseigné, à l'école, que nous étions définis par notre aptitude à penser, à douter, à désirer : nous sommes une chose pensante, m'a-t-on inculqué. Mais force est de constater que cette définition n'explique en rien qui nous sommes réellement. D'ailleurs, l'éminent philosophe n'avait absolument pas cherché à répondre à une telle question. Non, son objectif était de prouver l'existence de l'Homme, en tant que sujet pensant, et par opposition, celle de Dieu, être éternel et parfait. L'axiome « Je pense donc je suis » ne me définit en rien. Pire, plus je rumine la phrase et plus je me dis que ce « sujet pensant », le fameux « je » mériterait quelques éclaircissements. Qui est-il ?

En réalité, la réponse à cette question ne me paraît guère évidente. Ce « je » qui raisonne n'est pas constitué que d'un mental. Il représente la somme d'un ménage à trois : le mental, l'ego, l'émotionnel.

De nombreux médiums disent que pour atteindre notre petite voix intérieure, il nous faut lâcher prise, faire taire notre mental, mais aussi débarrasser notre ego de toutes ses croyances et transcender l'émotionnel en foi. Rien que ça ! Ce sont, paraît-il, les conditions requises pour. Ce sont les conditions requises pour modifier son taux vibratoire et accéder au « Soi ». Car notre existence terrestre n'est qu'une partie, probablement très réduite, sinon infime, de qui nous sommes réellement. Quant à la conscience, beaucoup affirment qu'elle existe indépendamment de notre cerveau et de notre corps biologique, un peu à l'intérieur de lui, peut-être, plus vraisemblablement à l'extérieur, dans d'autres dimensions. Pour Lulumineuse, l'énergie consciente traverse tous nos corps, matériel et immatériels, en même temps. Pour Sorine, ces corps forment même des incarnations distinctes, réunies dans un être spirituel, qui rassemblerait alors plusieurs champs vibratoires. Notre « Moi », dans la matière, ne serait ainsi qu'un morceau de notre conscience en tant qu'être spirituel...

Tous parlent ainsi de fréquences qui nous donneraient consistance ou vie, dans différentes dimensions. Tous affirment que nous ne sommes pas réductibles à nos seuls organes biologiques. Nous sommes « esprit » : au sens d'une énergie vibratoire complexe et multidimensionnelle. Le raisonnement n'est aucunement la conscience. Il permet peut-être de prendre conscience qu'on existe, mais si je me réfère à la formule de Descartes, le premier « je » de la citation n'est certainement pas équivalent au second « je ». Le mental raisonne, l'ego s'accapare l'idée d'exister, et mon Soi est au-delà d'eux : il est ce que je suis.

Vincent Hamain a proposé le terme de « mémotionnelles » pour évoquer ce qui nous définit dans l'Au-delà. Je retiens l'idée. L'énergie qui nous anime est peut-être surtout constituée d'émotions. Souvenons-nous alors de ce que nous a dit Philippe Bobola : l'Univers n'est qu'informations. Cela signifie que nous sommes nous-mêmes informations. Alors peut-être que nos émotions constituent cette part individuelle qui nous définit réellement dans cet Univers aux multiples dimensions... À vrai dire, je ne sais pas. Je ne sais pas si nous sommes « un », unique et singulier, ou un morceau d'un « tout » qui nous englobe...

Je suis peut-être, dans cette vie, le quartier d'une orange, pour reprendre la métaphore de Sorine. Peut-être que cette orange est elle-même le quartier d'une orange bien plus vaste et plus complexe. Je ne sais pas. Mais je vous avouerais que l'idée de me fondre, à la fin du parcours, dans un vaste « tout », comme certains l'imaginent, ne me plaît guère. Je préférerais conserver intacte ma personnalité, entendons par-là, ce qui peut-être me définit et m'individualise : mes chères mémotionnelles !

La seule chose dont je suis maintenant sûr, à 100 %, c'est que la mort n'est pas une fin en soi. Nous continuons d'exister dans un autre monde, conservons une partie de notre personnalité et pouvons même interagir avec nos proches restés sur Terre. Cela, Marie-Paule me l'a montré ; et tous les médiums que j'ai rencontrés me l'ont confirmé. Oui, nous existons sous une forme énergétique. Ceux qui vivent des expériences aux frontières de la mort (EMI) ne rêvent pas : il leur est seulement offert de soulever un coin de voile, de l'autre côté du miroir, ou plutôt, pour être précis, un coin de *leur* voile.

Je crois volontiers que nous vivons ici et là-bas, en même temps. Je pense même que nous ne quittons pas notre corps à l'ultime moment, mais changeons de fréquence, automatiquement.

Je suis persuadé que l'Univers n'est que vibrations et informations. Nous sommes informations et vibrons à une fréquence donnée, ou plutôt à plusieurs, chacune correspondant à un de nos corps. La matière n'est que la projection de ces univers vibratoires, à une fréquence qui lui donne la consistance qu'on lui connaît sur Terre.

Reste cette idée que la pensée est créatrice. Nous serions alors capables de façonner le monde dans lequel on évolue. Sur Terre, c'est un peu vrai, dans la mesure où l'on se construit tous un monde à notre image : un environnement de violence pour ceux qui se complaisent dans la haine et la bestialité, de paix et d'harmonie pour ceux qui chérissent l'amour. Mais cela semble bien plus concret dans l'Au-delà, à en croire tous les médiums.

Voilà donc, selon moi, ce que nous sommes et ne sommes pas. Une question demeure : pourquoi ? Pourquoi sommes-nous ainsi ? Si je puis dire…

Vaste question, dont la réponse ne peut être que très partielle. Oui, parce qu'il m'est impossible d'expliquer le « tout », ni même l'existence des mondes et des univers. La seule approche que l'on peut raisonnablement tenter, à notre échelle humaine, est de savoir pourquoi nous nous incarnons sur Terre.

À plusieurs reprises, on m'a répondu : « pour faire l'expérience de qui nous sommes vraiment ».

Vannina, Alexandra, Manuela, Sorine, Lulu, ont surtout invoqué l'apprentissage comme motivation première de nos incarnations. À chaque passage sur Terre, m'a dit Sorine, nos âmes testent quelque chose, en liaison avec les expériences passées. Manuela a insisté sur l'importance des tâches inaccomplies aux yeux des âmes défuntes ; idée également défendue par Lulu, qui a parlé d'un chemin inachevé. Nous sommes donc dans un parcours que nous désirons poursuivre, pour apprendre et grandir.

Lulu y a rajouté une dimension évolutive, fixant ainsi un but à cette progression : l'amplification de la conscience. C'était peut-être cela le but ultime : faire grossir chaque quartier de l'orange, pour la développer…

Mais faut-il vraiment un but à l'expérience ?

Un soir, Vannina m'a dit qu'à l'origine de toute chose, une énergie consciente – que l'on nomme Dieu – avait explosé en des milliards et des milliards de particules, dans toutes les directions et dimensions possibles. Chacun de nous était l'un de ces fragments. Et cette chose faisait l'expérience de qui elle était, à travers nos existences…

Épilogue

Chacun de vous demeure libre de croire ou de ne pas croire à toutes les choses qui sont exposées dans ces chapitres. Je vous ai raconté mon histoire, en m'attachant à respecter la véracité de chaque événement ; mais ce livre repose en grande partie sur des témoignages et des ressentis, qu'il vous faut accepter sans pouvoir les vérifier. Il s'agit d'une limite intrinsèque à tout ce qui touche à la spiritualité et la médiumnité, parce que ces domaines s'attachent à rendre compte de manifestations intangibles et non scientifiquement testables. Beaucoup de gens considèrent alors les médiums comme des charlatans ou des affabulateurs, victimes de leurs propres superstitions. J'ai parfois abordé ce thème sur ma chaîne, car le charlatanisme est une réalité indéniable, qui peut prendre de multiples formes.

Le médium Mischa Harmeijer, que j'ai reçu en octobre 2020, a ainsi exprimé des critiques assez dures à l'encontre de certaines pratiques mercantiles, qu'il juge abusives, en particulier les stages ou formations qui prétendent aider à développer certaines facultés extra-lucides. Car il l'affirme : la médiumnité ne s'apprend pas !

— Ceux qui n'ont pas de prédispositions médiumniques particulières, à la naissance, ne peuvent pas en acquérir en suivant des enseignements. Il est bien sûr possible de travailler à son développement personnel, de soigner des blessures profondes, de nourrir son intuition, sa conscience, d'étudier des techniques qui font appel aux potentiels naturels du corps et de l'esprit, etc., mais on ne peut pas apprendre à ouvrir son canal médiumnique, car lui dépend de la force innée, c'est-à-dire du cheminement de l'âme. La médiumnité fait partie intégrante de certains cycles d'âme ; et le médium est un prolongement, un instrument de communication, pour des entités appartenant à des plans supérieurs. Il est né ainsi.

Avec Bruno Charvet, nous avons discouru de la difficulté, pour un médium, de prouver sa bonne foi. Bruno s'est retrouvé malgré lui au cœur d'une violente polémique, à la suite d'un piège tendu par un jeune homme, qui s'était fabriqué toute une personnalité factice sur les réseaux sociaux. Bruno a plongé, tête baissée, sans deviner le guet-apens, offrant au jeune homme le bâton pour se faire publiquement accuser de charlatanisme ; et la toile a ri de la mésaventure…

Qu'en conclure ? Si ce n'est que la critique est toujours aisée et qu'il est infiniment plus facile de détruire une réputation, que de la construire. Le problème est qu'il existe une idée largement répandue dans l'opinion publique, qui voudrait que le médium prouve sa sincérité par son total désintéressement. C'est une idée assez absurde en réalité, car ceux ou celles qui se consacrent entièrement à aider les autres ont tout autant besoin de vivre et de gagner de l'argent, que tout un chacun. Nul n'oserait demander à un professionnel d'exercer gratuitement. Mais beaucoup refusent de considérer la médiumnité comme une profession. Alors, ceux qui en font leur métier s'exposent à toutes sortes d'attaques, surtout lorsqu'ils exercent *via* les réseaux sociaux, sans filtre.

Pour ma part, j'essaye de rester lucide. Je me fie à mon intuition, quitte à me tromper et à offrir un temps de parole, sur ma chaîne YouTube, à quelqu'un susceptible d'abuser de la crédulité des gens. C'est le risque. Mais je ne force personne à regarder les vidéos, ni à croire à leur contenu. Je conseille même de garder une certaine réserve quant aux affirmations des uns et des autres. Le doute est toujours permis. Il est même souvent salutaire. Et de vous avouer conserver une part de scepticisme sur bien des sujets abordés sur ma chaîne.

En intitulant cet ouvrage *Parce qu'on ne vous demande pas d'y croire*, je défends d'ailleurs le libre-arbitre de chacun. Nul n'est contraint de croire, d'autant que rien de ce qui est contenu dans cet ouvrage ne peut s'expliquer par la science. J'en ai conscience ; comme j'ai conscience aussi des limites d'une science moderne, résolument braquée sur la testabilité de ses hypothèses de travail. Oui, on pourrait sans doute reprocher aux médiums de ne manipuler que des données non-quantifiables et scientifiquement indémontrables. Mais on pourrait aussi rétorquer que la science actuelle, dans sa démarche matérialiste, se trouve fondamentalement démunie face à l'imperceptible. Il appartient alors à chacun de choisir le cadre de sa propre pensée ; et d'accorder ou non une place à la spiritualité…

La seule chose que je peux affirmer, sans l'ombre d'une hésitation, est que les médiums qui m'ont parlé de Marie-Paule, notamment au début de l'aventure, m'ont totalement convaincu de l'authenticité de leurs facultés extra-sensorielles. Les traits de caractère, les expressions, les détails intimes et les petits secrets : personne ne peut me tromper sur ce que j'ai vécu, avec Marie-Paule, durant ces 23 années de bonheur.

Et puis, il y a le reste : ces synchronicités dont j'ai parlé, et qui m'ont poussé sur un chemin de vie que je n'avais jamais envisagé, ces rencontres, ces aides, ces révélations… Libre à vous de les interpréter comme bon vous semble. Mais je voudrais réaffirmer, ici, toute la sincérité de ma démarche.

Et remercier une nouvelle fois Marie-Paule de son aide si précieuse…

Remerciements

Avant de clore définitivement cet ouvrage, il me faut évoquer tous ceux qui ont participé à cette magnifique aventure, grâce à leur témoignage sur ma chaîne, et dont je n'ai pas parlé. Ils sont nombreux, près de 180 au moment de l'interview de Vincent Hamain. Je ne peux évidemment pas consacrer un chapitre à chacun d'eux, d'autant que ce n'est pas le but de ce livre. Non, je vous ai raconté mon histoire, mon cheminement personnel ; et il est forcément restrictif. Comme je l'ai déjà expliqué, toutes les discussions n'ont pas produit sur moi le même effet ; et ce, indépendamment de leur valeur intrinsèque. Les choix sont toujours subjectifs.

Mais je tiens ici à remercier, du fond du cœur, tous ceux qui ont fait l'effort de bien vouloir s'exprimer sur ma chaîne YouTube « On ne vous demande pas d'y croire », depuis ses débuts, le 1er février 2019 :

VANNINA SCHIRINSKY • JEAN-TOUSSAINT CASANOVA • LAURENT LABBÉ • CÉCILE DEBANNE • STÉPHANE FLAMENCOURT • BRICE GUYON • CORINNE LEBRAT • ANNICK GUILLERMIN • MARTINE JEANPERRIN • TATIANA SANTINI • LAETICIA ROMANETTI • JEAN LABBÉ • FRANCOISE RUET • LYDIE CHRISTINA TADDEI • REGINA •

TRISTAN CASABIANCA • HÉLÈNE • CSILLA & ROCCO • ISABELLE FOÏS • LORINE • PÉNÉLOPE JAPPELLE • DR DHANWANTARI • DR NIDHI • JEAN-JACQUES BURTIN • ANNE DOBRZYNSKI • TOURIA MENOUAR • THIERRY CORBALAN • NATHALIE CHIARONI • MARINA ET JÉRÉMY SANCHEZ • SOPHIE VITALI • MYLÈNE • DOMINIQUE VALLÉE • CÉLINE • CHRISTINE SORABELLA • MATHIEU TRAMONI • CATHY BAILE • CÉCILE ET BERNARD • INDRY LAPIERRE • CARINE • NATHALIE • NATHALIE NURDIN CRUZ • FRANCOIS LELEU • SOPHIE ANQUETIL • JESSICA DUPONT • LORENZO • MARIE LUCIE SIMEON DE BIOCHBERG • JACQUES FOURNER • LEA LÉZÉ • VALÉRIE SEGUIN • YASMINE BASSALAH • CATHERINE SAURAT-PAVARD • GABRIEL LESQUOY • MYLÈNE HEMERA • PASCALE LAFARGUE • DAVID NEVEU • SOPHIE CÉCILE PADOVANI • GAËLLE • CLAUDE DUJARDIN • CÉDRIC JAVAUX • ALINE PEUGEOT • OLIVIER MADELRIEUX • LAETITIA • NADINE • CHRISTINE OEUNG • TATIANA • SARAH • DALILA DJAMA • PATRIZIA LEONARDUZZI • SWEETY ET THIERRY • FLORENCE TASSONI • LULUMINEUSE • VIRGINIE LAFON • REYNALD ROUSSEL • CYTHARA MARTINE GERCAULT • CHANTAL NGUYEN • SANDYTATOO • JENNA BLOSSOMS • SÉVERINE BARBIER • STÉPHANIE ABELLAN • ANNE-HÉLÈNE GRAMIGNANO • LAILA DEL MONTE • JEAN LIBRERO • ALEXANDRA GABRIEL • MARINE ANTON • VIRGINIE SOPHIA • LAETITIA DJIAN • AURELIE SURMELY • MARIE BERGMANN • OLIVIER BENOIT • MICHEL HOCQ • NANCY MARCOUX • STANISLAS DELORME • FLORENCE HUBERT • GLORIA DA COSTA • KARINE TRONCY • MANUELA PÉRÉ • MARIE-CHRISTINE DELHAYE • JOHANNA AWAKENING • GABRIELLE ET JÉRÔME INGOUFF • STÉPHANIE DÉRÉNÉMESNIL • THIERRY LANCEREAU • CÉLIA • CÉDRIC DUPONT • JEAN-MARIE LEGALL • MISCHA HARMEIJER • NATACHA CALESTRÉMÉ • ANTOINE DE POSTEL • ISABELLE GERY-HAUGMARD • PAUL CHIARELLI • BINTOU DATT • ISABELLE HERCELIN • SERGE BOUTBOUL • LISA ARCAMELA • JACQUES BIROLINI • FRANCE GAUTHIER • MAXENCE ALVES • CHRISTINE JOSSET-VILLANOVA •

SORINE ANDRÉE • DIDIER SANTIAGO • CHRISTOPHE DELVALLÉ • MIKE ALDEBARAN • MARC AUBURN • MICHELLE BLIVET • IVAN SKYBYK • FLORENCE POUSSET • GÉRALDYNE PREVOT GIGANT • MARIE-PIERRE DILLENSEGER • LYDIE CASTELLS • THIERRY JAMIN • DANIELLE DUBOIS • VIRGINIE SOPHIA • CAROLINE JOUZEL • SOPHIE NOËL • JEAN-PIERRE GIRARD • GUILLAUME NEGRI • ANGIE • DOMINIQUE JACOB • BARBARA ROSA • MURIEL GIRAUD-CLAUDE • DANIEL MARTINEZ • GREGORY CHARBONNEL • PIERRE JOVANOVIC • AMÉDÉE • PAUL STONEHILL • NICOLAS TURBAN • JEAN DIDIER • CHRIS ESSONNE • PHILIPPE BOBOLA • LAURENT KASPROWICZ • ÉRIC BENARD • JANN HALEXANDER • SYLVAIN DIDELOT • MICHEL ALMERAS • SONIA BARKALLAH • CLARE JOHNSON • MÉGANE COHEN • ROMAIN CLÉMENT • FRÉDÉRIC BUISSON • CHRIS MILA • DIDIER VAN CAUWELAERT • BRUNO CHARVET • STÉPHANIE SMANIO • JEAN-MARIE MULLER • GINA DI-ANGELO • SÉBASTIEN SOCCHARD • FLORIANE GÉRARDIN • ÉRIC GRANGE • YANN CRÉPIN • AURÉLIEN MILLOT • LAURENCE DE LA BAUME • STÉPHANE ALLIX • JEAN-PIERRE PETIT • JEAN-JACQUES CHARBONIER • GILLES FOURNIL • MARIE-JOSÉ GARCIA-GUÉRARD • NASSRINE REZA • DENIS LABOURÉ • MARC NEU • MARIE-FRANCE CAZEAUX-LE CORRE • CAROLINE DUBAS • PATRICIA MONTAUD • LILOU MACÉ • BRAGI BELLOVAQUE • VINCENT HAMAIN • MALORY MALMASSON.

Ainsi que tous les autres, qui sont venus témoigner après octobre 2021, et qui ne figurent pas dans cet ouvrage.

Je remercie pareillement toutes les personnes qui entourent ma chaîne :

— Christelle Sanchis, la meilleure modératrice du monde, désormais indispensable à l'équilibre et au fonctionnement des « directs live » ;

— Christelle Guidicelli, la première meilleure modératrice du monde ;

— Mathieu Pittiloni, qui assure le montage des émissions en direct et organise tous les ateliers sur la chaîne ;
— ainsi que Mathis Angeli, qui le remplace parfois pendant certains « directs ».

C'est en regardant les émissions de Stéphane Allix, Lilou Macé, Yann Érik, Didier Santiago, que j'ai imaginé la manière dont j'allais conduire mes interviews. Merci à eux de m'avoir si bien inspiré.

Merci aussi à ceux qui ont relu cet ouvrage, y apportant ainsi un peu de leur lumière : Cyrille Claus, Laure Filippi, Michèle Weber.

Je voudrais également témoigner toute ma gratitude à Marie-Paule, qui m'a accompagné de son vivant et qui est toujours présente pour me guider ; ainsi qu'à ma chère maman, partie quelques mois avant Marie Paule ; à mes guides et à toutes les personnes qui œuvrent en secret, de l'autre côté du miroir, avec bienveillance, pour la réussite de ce projet.

Sans oublier mon fils, Lisandru, qui trouve parfaitement normal d'accueillir à domicile des médiums, des thérapeutes énergétiques, des scientifiques de l'étrange, des personnes qui ont vécu des expériences extraordinaires... Mon quotidien est aussi devenu le sien. Merci mon fils de supporter un papa « YouTubeur » !

Merci aux autres que j'ai oublié de citer.

Merci à tous ceux qui me suivent, me supportent, m'adressent des encouragements, de petites attentions...

Merci à vous !

Orientations bibliographiques

Dr. Eben ALEXANDER

Les preuves du paradis, Éditions J'ai Lu, 2012.

Stéphane ALLIX

Le Test, Éditions Le Livre de Poche, 2018.

Nos âmes oubliées, Éditions Albin Michel, 2021.

Marc AUBURN

0,001 %, l'expérience de la réalité, Éditions Pocket, 2022.

Natacha CALESTRÉMÉ

La Clé de votre énergie, Éditions Albin Michel, 2020.

Trouver ma place, Éditions Albin Michel, 2021.

Dolores CANNON,

Conversations avec des Esprits entre deux Vies, Be Light Éditions, 2021.

Les arcanes de l'univers : Tome 1, Be Light Éditions, 2018

Les arcanes de l'univers : Tome 2, Be Light Éditions, 2020

Les arcanes de l'univers : Tome 3, Be Light Éditions, 2021.

Marie-France CAZEAU-LECORRE,
L'invisible, ça saute aux yeux !, Éditions First, 2016.

Jean-Jacques CHARBONIER,
Les preuves scientifiques d'une Vie après la vie, Éditions J'ai Lu, 2016
Ce truc, Éditions First, 2020.

Bruno CHARVET
Les thérapeutes du ciel, Éditions Michel Lafon, 2020.
Etty, mon double de lumière, Éditions Michel Lafon, 2021.

Marie-Christine DELHAYE
Au cœur des Archives Akashiques, Éditions Le Lotus et L'Éléphant, 2020.

Stéphanie DERENEMESNIL
La petite boîte pour s'aimer et s'accepter pleinement, Éditions Contre-dires, 2020.

Danielle DUBOIS
Guérisseuse malgré moi, Éditions Exergue, 2020.

Alexandra GABRIEL
L'Oracle des Plumes et des Nombres, Éditions Leduc, 2022.

Martine GERCAULT
Une psy parle aux esprits, Mamaéditions, 2019.

Vincent HAMAIN,
Concession à Perpétuité, Independently published, 2021.

Florence HUBERT,
Quand la médiumnité s'impose..., Éditions Exergue, 2016.
Quand l'au-delà se dessine..., Éditions Exergue, 2021.

Pierre JOVANOVICH
Enquête sur l'existence des anges gardiens, Éditions Le Jardin des livres, 2004.

Marie Lise LABONTÉ et Jérôme ANGEY
Karma, Éditions Le Lotus et L'Éléphant, 2021.

Amédée LOUIS-FERNAND & Brenda GUIDI
Les 7 Clés de la Guérison, Éditions Les Initiés, 2014.

LULUMINEUSE
Messages célestes, Be Light Éditions, 2020.

Mischa HARMEIJER
Vive l'au-delà, L'Hunaré & le médium, Éditions PONGH !, 2019.
Vive l'au-delà, L'échelle de la réincarnation, Éditions PONGH !, 2020.

Dr. Raymond MOODY
La vie après la vie, Éditions J'ai Lu, 1980.
Lumières nouvelles sur la vie après la vie, Éditions J'ai Lu, 1981.

Aline PEUGEOT
Du chaos à l'éveil Spirituel, Éditions Exergue, 2018.

Matthieu RICARD et Trinh Xuan THUAN
L'infini dans la paume de la main, Éditions Fayard, 2000.

Sogyal RINPOCHÉ
Le Livre Tibétain de la vie et de la mort, Éditions Le Livre de poche, 1992.

Reynald ROUSSEL
Ce que les morts nous disent, Éditions Archipoche, 2014.
L'homme qui parlait avec les morts, Éditions Ideo, 2017.

Didier VAN CAUWELAERT
Dictionnaire de l'impossible, Éditions Plon, 2013.

Neale Donald WALSCH
Conversations avec Dieu – tome 1, Éditions J'ai Lu, 2003.
Conversations avec Dieu – tome 2, Éditions J'ai Lu, 2006.
Conversations avec Dieu – tome 3, Éditions J'ai Lu, 2010.

Chico XAVIER
Nosso Lar, Éditions FEB Publisher, 2020.

Références des interviews de notre chaîne YouTube « On ne vous demande pas d'y croire »

Vannina SCHIRINSKY. Expérienceuse NDE part1.
Vannina SCHIRINSKY. Expérienceuse NDE part2.

Alexandra GABRIEL. Numérologie et Médiumnité.

Reynald ROUSSEL. La vie d'un médium.

Aline PEUGEOT. Résilience – Éveil Spirituel.

Pierre JOVANOVIC. Les Anges Gardiens.

Cythara Martine GERCAULT. Une psy parle aux esprits.

Natacha CALESTRÉMÉ. Se libérer de fardeaux émotionnels.

Stéphanie DERENEMESNIL. La Thérapie d'Énergie Intégrée.

Danielle DUBOIS. Guérisseuse.

Chris MILA. Médiumnité.

Marc AUBURN. Le voyage astral.

Philippe BOBOLA. Le temps.

Romain CLÉMENT. Le voyage astral.

Florence HUBERT. Médiumnité.

Florence HUBERT. Quand l'au-delà se dessine.

Marie-France CAZEAUX-LE CORRE. Médiumnité.

Manuela PÉRÉ. Capacités Extra-sensorielles.

Manuela PÉRÉ. Trans-générationnel.

Sorine ANDRÉE. Médiumnité.

Vincent HAMAIN. L'expérience de la mort.

LULUMINEUSE. L'au-delà, ça se passe comment ?

Mischa HARMEIJER. Médiumnité.

Composition et mise en pages
Nord Compo à Villeneuve-d'Ascq